经典悦读
系列丛书珍藏版

近代中国开端的洞察

——《马克思恩格斯论中国》如是读

陈培永
喻春曦 ◎ 著

SPM
南方传媒 ｜ 广东人民出版社

· 广州 ·

图书在版编目（CIP）数据

近代中国开端的洞察：《马克思恩格斯论中国》如是读／陈培永，喻春曦著. —广州：广东人民出版社，2023.9
（经典悦读系列丛书）
ISBN 978-7-218-16774-9

Ⅰ. ①近…　Ⅱ. ①陈…　②喻…　Ⅲ. ①马恩著作—中国—问题　Ⅳ. ①A164

中国国家版本馆 CIP 数据核字（2023）第 139687 号

JINDAI ZHONGGUO KAIDUAN DE DONGCHA——《MAKESI ENGESI LUN ZHONGGUO》RUSHI DU
近代中国开端的洞察——《马克思恩格斯论中国》如是读

陈培永　喻春曦　著
版权所有　翻印必究

出 版 人：肖风华

出版统筹：卢雪华
选题策划：曾玉寒
责任编辑：伍茗欣
封面设计：李桢涛
插画绘图：李新慧
责任技编：吴彦斌　周星奎

出版发行：广东人民出版社
地　　址：广州市越秀区大沙头四马路 10 号（邮政编码：510199）
电　　话：（020）85716809（总编室）
传　　真：（020）83289585
网　　址：http://www.gdpph.com
印　　刷：广州市豪威彩色印务有限公司
开　　本：787 毫米×1092 毫米　1/32
印　　张：4.625　字　　数：100 千
版　　次：2023 年 9 月第 1 版
印　　次：2023 年 9 月第 1 次印刷
定　　价：26.00 元

目录

导言　马克思恩格斯为何关注中国？

19世纪50年代至60年代，在我们中国人对马克思、恩格斯还不甚了解的时候，马克思、恩格斯就已经关注到了中国。他们写了十几篇关于中国问题的文章，其中大多发表在美国的一家报纸——《纽约每日论坛报》上，只有一篇马克思的《中国记事》发表在奥地利的《新闻报》上。

当时的马克思居住在英国伦敦。中国、英国、美国，在马克思、恩格斯的作品里，已经悄然联系在一起。之后，马克思主义在19世纪末20世纪初传入中国，经过先进知识分子广泛传播和对比选择，最终改变了中国社会的历史进程。不得不说，这里面有一种奇妙的历史缘分。

马克思、恩格斯主要关注了当时中国的三个问题，一是鸦片战争爆发的原因、过程及潜在影响；二是中英贸易、中俄贸易问题；三是太平天国运动，以及中国人民反抗侵略的斗争。马克思、恩格斯利用当时能够得到的有限文献，关注到近代以来中国经济社会发生的变革，并对中国的未来走向进行了预测。

马克思撰写关于中国问题的文章，直接的原因，可以说是谋生需要，给报纸写稿获取稿费贴补家用。他写道，"但是使我所能够支配的时间特别受到限制的，是谋生的迫切需要。八年来，我一直为第一流的美国英文报纸《纽约每日论坛报》撰稿（写作真正的报纸通讯在我只是例外）"①。由此可见，马克思此举是为了缓解在英国流亡时的经济窘境而"被迫营业"。

但细想，致力于以哲学改变世界的思想家，不可能只是为了生计而离开自己的理论事业，写一些与其理论无关的评论；更不可能随手摘选一些关于中国的事件评论一番，只是为了满足欧美民众对古老中国的猎奇心理。马克思、恩格斯关于中国问题的论述一定是被纳入他们整个理论事业的总体思考中的。

---

① 《马克思恩格斯文集》第2卷，人民出版社2009年版，第594页。

当时的马克思、恩格斯已经写出《德意志意识形态》《共产党宣言》等作品，形成了系统的唯物史观，形成了系统分析人类社会、世界历史的理论观点，掌握了观察时代、洞察世界、透视历史的方法论。关于中国问题的系列文章写于马克思、恩格斯的唯物史观形成之后，很显然，他们想要通过对中国这一具体个案的分析，进一步丰富和验证他们已经形成的、建立在唯物史观基础之上的世界历史理论。

阅读马克思、恩格斯关于中国问题的系列文章，不应只停留于了解中国当时的历史，以及两位国外学者对这些历史事件的态度和观点。我们应该在唯物史观、世界历史理论的视野下来阅读这些文章，关注马克思、恩格斯如何以中国为个案来论述他们的世界历史的理论观点。从这个角度去看这些文章，我们就会发现，他们对中国问题的关注并不是随意的，而是有明确的选择依据，他们是从资本全球扩张必然到东方社会的视角研究中国问题。中国问题是对他们理论的一次验证，也促进了他们理论的进一步发展。

当时的马克思、恩格斯已经成为马克思主义

者，他们实际上是在用马克思主义来具体分析中国问题。在马克思主义发展史上，可以说最早用马克思主义来分析中国问题的学者，应该就是马克思、恩格斯。正是基于唯物史观的方法论，基于他们已经形成的世界历史理论，他们才能够在没有到过中国、没有掌握一手材料的情况下，洞察了近代中国的开端，得出了一些在今天看来很有预见性、先见性的结论。

马克思、恩格斯关于中国问题的系列判断和精彩论述，有利于我们理解人类社会历史演进的规律，对我们深刻把握中国近现代史的历程，审视当下依然存在的资本与权力、文明与野蛮、战争与贸易等问题有重要启示。

☞ **经典地位**

马克思、恩格斯关于中国问题的论述，一部分体现在专门评论中国问题的文章中，一部分散布在他们各个不同时期的著作中。1937 年，莫斯科外国工人出版社首次用中文出版了《马克思恩格斯论中国》，翌年在中国以解放社名义重印，新中国成立后又多次由人民出版社修订再版。2015 年，人民出

马克思、恩格斯关于近代中国问题的一系列判断和精彩论述,有利于我们理解人类社会历史演进的规律。

洞察近代中国

版社推出新版《马克思恩格斯论中国》，所选文章不仅汇集了马克思、恩格斯关于中国的专题文章，还包括了他们从 19 世纪 40 年代至 90 年代的著述中的相关论述，内容丰富，对我们理解马克思、恩格斯眼中的近代中国有很高的参考价值。《马克思恩格斯论中国》文章目录如下：

马克思：《中国革命和欧洲革命》，1853 年。

马克思：《欧洲的金融危机。——货币流通史片断》，1856 年。

马克思：《英中冲突》，1857 年。

马克思：《议会关于对华军事行动的辩论》，1857 年。

马克思：《帕麦斯顿内阁的失败》，1857 年。

马克思：《英国即将来临的选举》，1857 年。

马克思：《俄国的对华贸易》，1857 年。

马克思：《英人在华的残暴行动》，1857 年。

恩格斯：《英人对华的新远征》，1857 年。

恩格斯：《波斯和中国》，1857 年。

马克思：《鸦片贸易史》，1858 年。

马克思：《英中条约》，1858 年。

马克思：《中国和英国的条约》，1858 年。

恩格斯：《俄国在远东的成功》，1858 年。

马克思：《新的对华战争》，1859 年。

马克思：《对华贸易》，1859 年。

马克思：《英国的政治》，1860 年。

马克思：《中国记事》，1862 年。

一、资本冲击君权：世界历史进程的开启

正如皇帝通常被尊为全中国的君父一样，皇帝的官吏也都被认为对他们各自的管区维持着这种父权关系。可是，那些靠纵容私贩鸦片发了大财的官吏的贪污行为，却逐渐破坏着这一家长制权威——这个庞大的国家机器的各部分间的唯一的精神联系。

——马克思《中国革命和欧洲革命》
（1853年）

1

马克思、恩格斯论中国，主线可以说是，探讨资本逻辑的全球空间扩张打开近代中国大门、推动中国从传统社会向现代社会转变的历史进程。

在16世纪以前，世界历史还只是区域史，各

大洲之间虽有联系，但十分有限。直到资本主义出现，"不断扩大产品销路的需要，驱使资产阶级奔走于全球各地。它必须到处落户，到处开发，到处建立联系"①，从而推动了新航路的开辟和世界贸易，将世界逐渐串联成一个整体。

正是资本逻辑扩张使人类历史从区域史、民族史走向世界历史。资本每流动到一个国家和地区，就会将先进的生产方式、生产工具一并带去，冲击当地的经济结构和生产方式，从而将地域性的独属西方的工业、技术、生产方式、制度变成世界性的，各个国家和民族愈发联系在一起。

随着资本主义全球扩张和殖民，世界上的所有国家和民族都将逐渐被纳入到这个体系中。在资本扩张串起的这个链条上，各个国家的位置和角色是不同的。一些国家必将成为资本主义的附庸，为其提供原材料、市场和劳动力，最终使资本穿透空间的限制走向全世界的每个角落。在资本扩张的初期，形成的是一个西方殖民掠夺东方、东方从属于西方的格局。率先实现工业化的欧洲资本主义国家

---

① 《马克思恩格斯文集》第2卷，人民出版社2009年版，第35页。

站在顶端，开发技术、生产商品，美洲地区为之提供金银矿藏和土著劳动力，而如印度和中国这类尚是依赖封建生产方式的国家则处在链条末端，成为商品的倾销地，为资本提供市场和原材料。

世界历史是新的更先进的生产方式在世界范围内替代旧的生产方式，并引起世界其他国家社会变革的过程。"如果在英国发明了一种机器，它夺走了印度和中国的无数劳动者的饭碗，并引起这些国家的整个生存形式的改变，那么，这个发明便成为一个世界历史性的事实。"[①] 东方国家在当时对西方的从属，本质上是较为落后的生产方式对先进的生产方式的从属。这个扩张过程不只表现为商品输出和资本输出，还在此基础上引发人类社会在经济形态、政治制度、文化观念等各个领域的全面变革。

资本将重塑所到的地区和国家的社会面貌，引发社会革命，将每个个人、每个国家都变成世界历史性的存在。这是历史发展的必然趋势，是无法抗拒的历史进程，中国的遭遇正是这个历史进程中的典型个案，是后发外生型现代化国家的缩影。

---

① 《马克思恩格斯文集》第1卷，人民出版社2009年版，第541页。

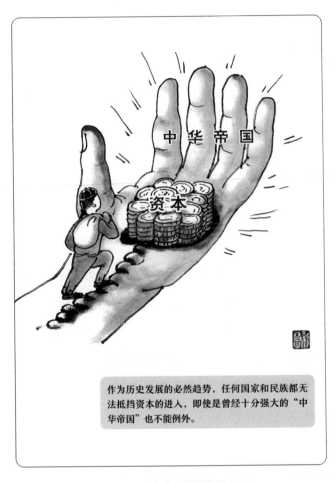

作为历史发展的必然趋势，任何国家和民族都无法抵挡资本的进入，即使是曾经十分强大的"中华帝国"也不能例外。

资本进入中国

马克思、恩格斯关注当时的中国（还包括与中国有相似处境的印度），是要看看世界历史的出场，看看资本逻辑全球空间扩张这一历史规律的展开过程，以及这个过程可能会反噬而引爆西方资本主义社会的危机。人类社会必将进入资本逻辑主导的历史阶段，作为历史发展的必然趋势，任何国家和民族都无法抵挡资本的进入，即使是曾经十分强大的"中华帝国"（马克思语）也不能例外。

2

资本逻辑全球空间扩张，前提是欧洲资产阶级革命砍掉本国国王的脑袋，终结由君主、神权以及土地旧贵族主导的社会形态。现代资本逻辑最初的对手可以统称为君权逻辑或特权逻辑，即以君主权力为主导的专制的、等级制的统治。西方现代化的本质其实就是资本和市场逻辑战胜特权和等级逻辑的过程。

资本逻辑的全球空间扩张，是资本逻辑在本国确立资产阶级的统治，继而冲击落后国家和民族的君主专制制度的过程，也可以说是挑战其他国家特权和等级逻辑的过程。资本逻辑进入中国，遇到的则是马克思、恩格斯口中的"满族王朝""天朝帝国"的特权逻辑的对抗。马克思、恩格斯看到的中国问题，实际上是帝国主义入侵中国并摧毁封建主义的过程，是西方资本和市场逻辑加速摧毁近代中国特权和等级逻辑的过程。

资本是一个天生的扩张派。当资产阶级使机器大工业进入蓬勃发展的阶段后，一方面，需要市场来接纳大规模生产出来的产品，因此必须打开本国和世界其他地域的市场；另一方面，市场打开后，需要更多的原材料以生产更多产品，如此循环往复，实现价值不断增殖。

特权是一个天生的保守派，它不太关心商品贸易的利润多寡，也无意扩大生产规模，其积累起来的巨额财富的主要用途不是再生产，而是用以维持和巩固原有的等级秩序，保持对现有领土和人口的长久统治。

具有扩张本性的资本逻辑一定会竭力冲击特权逻辑的保守。资本逻辑撼动旧中国的皇权统治，实际上是其在世界范围内战胜特权逻辑，实现世界统治的一个环节。马克思、恩格斯通过多篇政论和时

评分析了资本逻辑瓦解旧中国特权逻辑统治的
过程。

以血缘为纽带的宗法关系，被赤裸裸的金钱关
系取代，特权逻辑、等级制度的意识形态根基被动
摇。鸦片贸易滋生贿赂和腐败，导致民众税赋加
重，引发农民革命，传统君臣之间的父权关系被动
摇。"和私贩鸦片有关的行贿受贿完全腐蚀了中国
南方各省的国家官吏。正如皇帝通常被尊为全中国
的君父一样，皇帝的官吏也都被认为对他们各自的
管区维持着这种父权关系。可是，那些靠纵容私贩
鸦片发了大财的官吏的贪污行为，却逐渐破坏着这
一家长制权威——这个庞大的国家机器的各部分间
的唯一的精神联系。"① "侵蚀到天朝官僚体系之心
脏、摧毁了宗法制度之堡垒的腐败作风，就是同鸦
片烟箱一起从停泊在黄埔的英国趸船上被偷偷带进
这个帝国的。"②

尽管如此，在马克思看来，这种赤裸裸的金钱
关系相对传统宗法的、父权的关系是一种进步，后

---

① 《马克思恩格斯论中国》，人民出版社 2015 年版，第 6 页。

② 《马克思恩格斯论中国》，人民出版社 2015 年版，第 71 页。

者看似充满了温情、关爱和责任，实际上以伦理的外壳掩盖人与人的依附和等级压迫关系。"随着鸦片日益成为中国人的统治者，皇帝及其周围墨守成规的大官们也就日益丧失自己的统治权。历史好像是首先要麻醉这个国家的人民，然后才能把他们从世代相传的愚昧状态中唤醒似的。"①

西方资产阶级以输出工业品的方式摧毁传统农业社会的经济基础，冲击生产方式和生活模式，引发社会革命。传统中国的生产方式是自给自足的，而资本逻辑以商品化生产代替小农式生产，"它的商品的低廉价格，是它用来摧毁一切万里长城、征服野蛮人最顽强的仇外心理的重炮"②。资产阶级改进了生产工具，积累了大量财富，并投入航海事业，发现新大陆，连接起各大洲。当时的中国常年闭关自守，落后的军事装备根本无法抵挡英国的大炮，也无法抵挡英国更低廉的工业品占领中国的市场。

中国的发展被强制纳入以资本为中心的世界体

---

① 《马克思恩格斯论中国》，人民出版社2015年版，第6－7页。

② 《马克思恩格斯文集》第2卷，人民出版社2009年版，第35页。

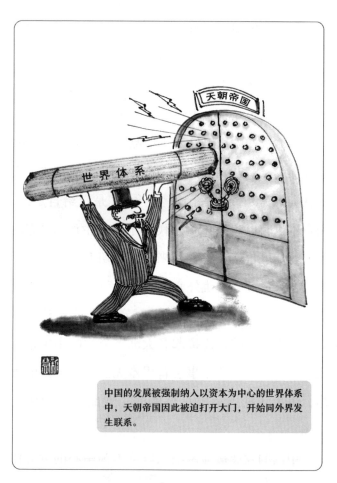

被迫纳入

系中，被迫打开大门，开始同外界发生联系，无法避免在与西方帝国主义的斗争和冲击下走向解体的命运，"英国的大炮破坏了皇帝的权威，迫使天朝帝国与地上的世界接触。与外界完全隔绝曾是保存旧中国的首要条件，而当这种隔绝状态通过英国而为暴力所打破的时候，接踵而来的必然是解体的过程"①。"这样一个帝国注定最后要在一场殊死的决斗中被打垮"②，它的结局注定是悲剧性的。资本一定会推动这些国家的特权逻辑走向终结。

西方资本的入侵，是彻底改变这些国家的经济基础、制度、价值观念的过程，它推动中国、印度这样的国家走向全方位变革，走向资本主义世界秩序之中，走向西方主导的现代化进程中。

近代中国的开端可以说是被裹挟到现代化的进程中的，一开始是被动的现代化，是外来势力入侵带来的现代化，是西方资本全球空间扩张的结果。

---

① 《马克思恩格斯论中国》，人民出版社 2015 年版，第 7-8 页。
② 《马克思恩格斯论中国》，人民出版社 2015 年版，第 70-71 页。

3

西方国家开启的人类社会的现代化，实际上是以资本逻辑取代君主权力统治、资本本身成为人类社会主导力量的过程。

西方现代化所建构的理论体系和意识形态，把政治权力看作是前现代的、传统的、非自由民主的力量。久而久之，人们会形成一种观念：政治权力或国家权力、政党权力或政府权力本身是恶的，是必要的恶。一个国家一旦政治权力发挥强有力的作用，就会被认为侵犯自由民主，不是现代化的国家。

马克思分析资本逻辑战胜君主权力主导逻辑、实现全球统治的过程，可以提醒我们，资本的问题才是现代社会的真正问题。现代社会面临的最大对手，已经不再是政治权力、特权、等级，而是资本。资本已经成为现代社会最高权力的拥有者，成为现代世界的支配者，且正以前所未有的速度和力度扩张着。人类在自己的物质生产活动中创造了资本，理应控制和统治资本，但实际上，人类却被资本统治，资本变成了一种"普照的光"，决定着其他一切关系的地位和影响，凡是它照到的地方，就会改变那些事物的色彩、特点、比重。

当资本成为现代社会的主导者、统治者时，资本就会操控政治，将政治权力变成它的工具，促使其为资本的积累和扩张服务。人们交给政府行使的、用于服务公民的公权力变成了资本的"私"权力。政府被看作"必要的恶"，看作需要警惕的对象，强调"有限政府""小政府""强社会、弱国家"，只需当好"守夜人"。政治权力只在出于公民安全、财产保护、维持社会秩序等公共需要时，才能介入，而且不能干预自由市场的运行，这导致资本无限增殖带来的劳动者被剥削、贫富差距、精神生活物化、生态危机等社会问题的蔓延。

资本对政治权力的这种操控关系，不仅作用在资本主导的国家内部，还会扩散到对外的全球事务上。资本主义发达国家动用本国的政治权力去殖民掠夺他国资源，继而取得对技术、资源的国际垄断地位，并借用这种垄断优势去操控其他民族国家内部的政治运行。这样，帝国主义就将资本逻辑连同其相应的社会问题一起带到其他国家，实现国内模

当资本逻辑成为了现代社会的主导者、统治者时，就会操控政治，将政治权力变成它的工具，促使其为资本的积累和扩张服务。

资本操控

式的世界性复制，建立起资本的世界帝国。这正是马克思、恩格斯的论述所揭示的。

资本本身蕴含的正向价值应该被挖掘和利用，但是资本的发展无时无刻不伴随着它的反面，因此不能任其野蛮生长，而需要引导和规制。这就需要重新塑造政治权力，需要打破政治权力本身必为恶、一旦发挥强大作用就被定位为威权甚至专制的观念。政治权力作为一种工具，本身无所谓好坏善恶，关键是谁来使用、对谁使用、如何使用、为何使用，不能把政治权力只看作前现代的要素。资本对现代世界的统治和支配是总体性、结构性、社会性的，只有依靠另一种社会性的力量才能够规制和驾驭它，这就需要塑造体现人民意志的公权力。

公权力塑造，强调政治权力的公共性和服务性，需要加强对政治权力的监管，既要防止其过于膨胀，集中到某个利益集团、某个阶级；也要警惕政治权力与资本权力的"共谋"，变成资本操纵的权力或资本权力。政治权力与市场、社会的边界也需要明确，并不是资本运行的任何环节、所有领域都要干预，也并不能完全私有化、市场化、自由化而让资本可以任意妄为。

当前，社会主义市场经济改革的方向，在强调发挥市场在资源配置中的决定性作用的同时，更好发挥政府作用，本质上是要用公权力来驾驭、规制资本逻辑，更好利用资本和市场作用促进经济社会发展。公权力不是"必要的恶"，也不只是"守夜人"，它有遏制资本负面影响的积极作用。因此，一方面要引导资本良性发展，破解资本无序扩张带来的现代性难题，让社会发展成果更多惠及普通劳动者，促进大多数人的自由全面发展；另一方面要使中国资本和市场在国际竞争中能够保持相对独立性，防止被国际垄断资本吞噬，避免成为西方资本大国的附庸。

二、贸易与战争：
"迦太基式的和罗马式的方法"

如果兼施并用迦太基式的和罗马式的方法去榨取外国人民的金钱，那么这两种方法必然会相互冲突、相互消灭。

——马克思《英中条约》（1858 年）

1

资本全球空间扩张是以什么样的方式推进的？马克思、恩格斯在很多著作中没有具体讲，在对中国问题的论述中，他们对这个问题做了详尽的描述，具体说，有两大方式，一个是贸易，一个是战争。

贸易是资本扩张的第一选择，资本往往打着自由贸易的名义开拓世界市场，想尽一切办法打破贸

贸易是资本扩张的第一选择，资本往往打着自由贸易的名义开拓世界市场。

资本扩张

易的壁垒、创造贸易的条件、扩大贸易规模、增加贸易次数，有时还会不顾法律和道德的约束，采取非法的、不道德的手段来达到贸易目的。

这就暴露出所谓的自由贸易的虚伪性，马克思早就写道："在当今社会条件下，到底什么是自由贸易呢？这就是资本的自由。排除一些仍然阻碍着资本自由发展的民族障碍，只不过是让资本能充分地自由活动罢了。"① 资本主义国家强调自由贸易的目的和重点，不在于贸易中双方应该秉持自由原则和精神，不在于双方互惠互利，而在于自身作为贸易的一方，必须始终赢利，让资本能够自由地、无限制地扩张和增殖，若出现了障碍，就会不择手段地排除它。

在讨论中国问题时，马克思以更加具体的案例揭露了这个现象。起初，中英贸易是和平的、纯粹的经济贸易，但中国地大物博，经济自给自足，对外国商品需求很低，加之"天朝帝国"高高在上的心态，只以有限的贸易作为一种施恩安抚外国；相比之下，中国的茶叶、丝绸、土布等商品在西方却

---

① 《马克思恩格斯文集》第1卷，人民出版社2009年版，第756页。

很受欢迎。在这种条件下，英国对中国的贸易在时间、地点和规模上都受到极大限制，总是处于贸易逆差的不利位置，加上中国的银本位制，英国有大量的白银都流到了中国。

在本国普通商品没有销路无法获得贸易顺差的情况下，英国开始进行不道德的非法贸易，扭转了这种局面。18世纪70年代，英国开始把在印度种植的鸦片大量走私到中国，很快便实现了贸易顺差。对于这个过程，马克思曾有描述："在1830年以前，中国人在对外贸易上经常是出超，白银不断地从印度、英国和美国向中国输出。可是从1833年，特别是1840年以来，由中国向印度输出的白银，几乎使天朝帝国的银源有枯竭的危险。"①

在此期间，英国为了躲避中国的鸦片禁令，撇清干系，还暗中实行了鸦片垄断，以实现对中国输入鸦片的独占优势，削弱美国等国的竞争。一方面，英国以本国的名义反对鸦片合法化，不再直接从其开办的东印度公司出口鸦片；另一方面，又规定其他私人船只只能载运该公司生产的鸦片到中

---

① 《马克思恩格斯论中国》，人民出版社2015年版，第6页。

国，还强迫其殖民地印度官方种植、倒卖鸦片，并专门提炼和调制针对中国人的口味。马克思一针见血地指出："任何时候只要我们仔细地研究一下英国的自由贸易的性质，我们大都会发现：它的'自由'说到底就是垄断。"①

虽然非法的鸦片走私让英国实现了贸易顺差，但这又占据了中国的进口额，因为"中国人不能既购买商品又购买毒品"②，"只要取消鸦片贸易，中国还可以逐渐地再多吸收一些英美商品，数额可达800万英镑——粗略算来这也就是中国对英美贸易总顺差的数目"③。

如此一来，英国就陷入了工业品合法贸易与鸦片非法贸易的悖论中：不贩卖鸦片，仅靠工业品销量无法保持贸易顺差；贩卖鸦片，又会挤占工业品的出口份额。这种合法与非法并存，看似能实现利益最大化，但实际上，英国还是没能达到最初的贸易目的，工业品依然滞销。

---

① 《马克思恩格斯论中国》，人民出版社 2015 年版，第 74 页。

② 《马克思恩格斯论中国》，人民出版社 2015 年版，第 68 页。

③ 《马克思恩格斯论中国》，人民出版社 2015 年版，第 80 页。

2

随着鸦片输入越来越多，百姓身心遭受严重腐蚀，白银外流，贪污贿赂盛行，清政府只能下令严禁、收缴并销毁鸦片。此时，英国的赢利需求再次遇阻，便动用了资本扩张的另一个手段——战争来为贸易开道、辅助贸易。"英国的仁慈强迫中国进行正式的鸦片贸易，用大炮轰倒了中国的围墙，以武力打开了天朝帝国同尘世往来的大门"①，就这样，英国的坚船利炮开到了中国的边境，鸦片战争就此爆发。

如果说在此之前，英国的自由贸易尚保留着自由、平等、互利的虚假表象，那么战争的爆发及后续不平等条约的签订，则赤裸裸地暴露出了它的强权本质。英国的行为正如马克思曾引用的话："一旦有适当的利润，资本就胆大起来"②，"如果动乱和纷争能带来利润，它就会鼓励动乱和纷争"③。

---

① 《马克思恩格斯论中国》，人民出版社 2015 年版，第 17 页。
② 《马克思恩格斯文集》第 5 卷，人民出版社 2009 年版，第 871 页。
③ 《马克思恩格斯文集》第 5 卷，人民出版社 2009 年版，第 871 页。

事实证明，英国等资本主义国家只有在自身处于贸易优先地位时才会强调贸易自由，反之就会以战争促贸易，用强权占据优先地位，结果所谓的自由贸易变成了掠夺，以牺牲被侵略国家的利益来敛财。正如恩格斯所说："这些战争也表明：贸易和掠夺一样，是以强权为基础的，人们只要认为哪些条约最有利，他们就甚至会昧着良心使用诡计或暴力强行订立这些条约。"①

资本来到世间，一直用战争来进行扩张，从来不曾放弃使用暴力。英法等国通过发动战争、签订新条约，要求中国开通更多通商口岸、取消行商制度，从而增加商品倾销量，还使鸦片以"洋药"名义间接合法化，最大程度保持贸易顺差。

在此过程中，战争的性质和功能发生了变化，已经从抵抗侵略、开疆拓土，变成了经济掠夺的手段、一个"经常性的行当"、一种重要的经济力。一方面，战争利用国家权力来为商业贸易开道，加速资本掠夺财富的步伐和效率，促进经济繁荣发展；另一方面，现代战争对现代军事装备的需求，

---

① 《马克思恩格斯文集》第 1 卷，人民出版社 2009 年版，第 57 页。

也促进了现代科学技术的进步，助推了机器的更新改造，为大工业生产提供了经验。

虽然战争可以充当贸易的有力帮手，但发动战争并不一定都会达到预期目的。英国本以为通过发动鸦片战争订立新条约，对中国的商品贸易就会有大规模的扩展，而马克思已预料到这只是英国的一种"狂想"。事实也印证了马克思的猜测，战争刺激了鸦片贸易增长而损害了合法贸易，英国国内的商业危机也加深了，战争带来的结果背离了贸易本来的意图。

据马克思引用的数据，"英国对中国的出口额在 1836 年是 1 326 388 英镑，在 1842 年下降到 969 000 英镑"①，虽然 1843—1845 年又显示连续增长，但后来发现英国官方所列数值与实际并不相符，而 1846 年英国对中国的出口额则降低到了 1836 年的水平之下。与之形成鲜明对比的是，中国"自从 1842 年的条约使它开放以来，中国出产的茶叶和丝向英国的出口一直不断增长，而英国工业品输入中

---

① 《马克思恩格斯论中国》，人民出版社 2015 年版，第 75 页。

国的数额，整个说来却停滞不变"①。

英国在没有如愿扩大商品出口后，就把自己的失望归咎于野蛮政府所设置的人为障碍，以为可以用强力清除这些障碍，于是发动了第二次鸦片战争。但这同样于事无补，只是开启了一个新的恶性循环，因为新条约中要求增开的通商口岸并没有发展成为新的商业中心，贸易不畅的问题并没有得到根本解决。

其中的原因是多重的，根本原因在于中国稳定的经济结构。在马克思看来，传统中国自给自足的小农式经济结构是十分坚固的，对大工业产品进行了最顽强的抵抗。"人们过高地估计了中国人的消费能力和支付能力。在以小农经济和家庭手工业为核心的当前中国社会经济结构中，根本谈不上大宗进口外国货。"② 英国的商品贸易确实会冲击中国的经济模式，但这是个十分缓慢的过程，而战争本身也不能在短期内直接消灭这种经济基础。

马克思曾预言："如果兼施并用迦太基式的和

---

① 《马克思恩格斯论中国》，人民出版社 2015 年版，第 77 页。

② 《马克思恩格斯论中国》，人民出版社 2015 年版，第 79 - 80 页。

罗马式的方法去榨取外国人民的金钱，那么这两种方法必然会相互冲突、相互消灭。"① 这里的迦太基式的和罗马式的方法分别对应着商品贸易和武力征服，二者的这种矛盾，可以在中英贸易中得到印证：当西方列强想用停泊在海港的军舰武力威胁中国的时候，中国经由海港的茶叶出口因此中断，反而给俄国同中国的陆路贸易提供了便利；战争带来动荡，市场预期不明朗，当时的中国人会变得保守，将商品和金银贮藏起来从而减少消费，售卖茶叶也仅接受现金现银，加上鸦片贸易本就占据了中国进口棉纺织品的份额，工业品进口量只会锐减；鸦片战争也刺激了中国国内的矛盾激化，引发太平天国运动，不仅中断了同印度的鸦片贸易，也大大减少了对外国工业品的购买。

　　这一系列影响的结果就是，英国的主要消费品茶叶涨价，金银外流到中国，而本国的棉纺织品市场大大缩小，加速了经济危机的来临。根源在于，正常的商品贸易需要一个稳定的交易环境，和平的环境才能为市场提供良好的预期，贸易本

---

　　① 《马克思恩格斯论中国》，人民出版社 2015 年版，第 80 页。

身并不喜欢战争；但贸易要想扩大又需要战争来推动，战争又必定带来动乱和冲突，引发双方的政治对立，导致贸易停滞，还为竞争对手提供了可乘之机。

这种矛盾的状况充分反映在了英国商界对于战争的心理变化上，"在 1857 年，商界曾跨上不列颠狮子，因为他们当时指望从强迫开放的中国市场获得巨大的商业利润。现在却相反，眼见已经到手的条约果实忽然从他们手里被夺走，他们感到愤怒了"[1]。

可见，资本会为了赢利而鼓励战争，但也会为了赢利而反对战争。

战争虽然会导致对外贸易不畅，但也会被当作摆脱或掩盖贸易不畅导致的经济危机以及阶级矛盾的政治工具。鸦片战争后，英国扩大市场的需求并未得到有效满足，再次处在经济危机的边缘，国内阶级矛盾加深，以帕麦斯顿勋爵为首的英国政府的统治合法性受到威胁。于是，英国政府就借口亚罗号事件同中国挑起新的冲突，为国家树立一个外在

---

① 《马克思恩格斯论中国》，人民出版社 2015 年版，第 109 页。

的敌人，转移国内民众对国内财政危机、阶级对立问题的关注，同时将对外侵略美化成为民族争光。争取拟定新的贸易条约，还可以获得国内鸦片贸易商和大茶商的政治支持，为自己的政治选举赢得更多选票。

马克思毫不留情地揭露了英国政府出于维护自身统治而发动战争、转嫁矛盾的虚伪：帕麦斯顿内阁以"扩大贸易、保障英国商人冒险家的安全和维护英国国旗的荣誉"作为口号来争取选举的选票，"他们聪明地避而不谈任何国内政策问题，因为'不要改革'和'增加捐税'的口号是得不到支持的"①。这表明，英国内阁因为无法满足国内底层民众要求改革、减税的要求，只能通过美化在侵略中国的战争中取得的"战果"来获取选票，实现自己的政治目的。

归根到底，资本空间扩张过程，会同时以贸易和战争为武器为自己开道。当贸易不顺畅或处于弱势时，就以国家权力为拐杖，鼓动政府发起战争。用战争消除障碍后，继续扩大贸易，若再不畅通，

①《马克思恩格斯论中国》，人民出版社2015年版，第45页。

归根到底，资本在向当时中国的空间扩张过程中，会同时以贸易和战争为武器为自己开道。

扩张的武器

便再次宣战，两种手段交替使用，直到彻底占据垄断优势，实现自身利益最大化。

3

西方资本主义国家发展到今天，资本主义生产方式的内在矛盾没有变，资本的逐利本性也没有变，在对外扩张中也从不曾放弃贸易与战争这两种方式。贸易有合法贸易和非法贸易，战争的形式是多样的，包括直接出兵、代理人战争和煽动地方冲突。世界市场、世界历史也并不总是处于自由贸易、和平发展中，而是始终处在战争威胁中。

一些国家只接受有利于自己的贸易。在贸易有利于资本积累时，它们会极力倡导全球化，鼓励别国对外开放；一旦贸易不利于自己国家，这些国家就会设置关税壁垒，限定进口配额，实行贸易保护。就这样，一边鼓励出口，一边限制进口，让别国开放而自己又紧闭国门，只为保证本国利益最大化。

当国内出现生产过剩危机、出口贸易遭遇阻碍时，资本就会寻求贸易的"孪生兄弟"战争来协助。发动战争可以起到多重效果：一是强行打开别国市场，达到对外出口的目的。二是转嫁国内矛盾，激发本国民众的民族主义情绪，转移民众注意力，重新获得民众认同。三是以战争本身来消耗过剩的产品。

战争源于两极对立、你死我活的敌友意识。一旦将不同于自己或有利益关联的他者看作敌人，就会将对方置于自身的对立面，认为对方可能危及自身的生存，需要采取战争这种消灭人的肉体生命的极端方式来保护自己。但实际上，有差异不意味着对抗，有利益关联也不代表只能是竞争的、弱肉强食的关系，相反，它们是交流与合作的前提。差异性、多样性是恒久存在的客观现实，在人类的物质财富尚不丰富的情况下，存在利益冲突也是基本现状，若差异、冲突、竞争皆以敌友划分之，将差异等同于对立，战争的阴云将永远笼罩着人类。

可惜的是，敌友意识是资本逻辑的外在表现，是资本全球空间扩张必然制造的观念。西方资本主义国家对经济文化落后国家发起的战争，本质上是资本要按照自己的面貌塑造世界，要将整个世界变成资本生产的大工厂，让所有事物都染上资本的颜

胡萝卜加大棒

色，以服务于中心发达国家的财富增长和维持。所谓传播文明、保障人权，只是资本为自己找的伪装和借口。帝国主义之间的战争，则是以民族和国家身份存在的资本彼此间争夺国际市场，当各大国原有的力量均势随着某一国的实力变化而被打破时，就需要以战争来重新划分势力版图、再次瓜分世界。这两种类型的战争本质上都是资本无限扩张的冲动导致的。

三、文明与野蛮:"奇异的对联式悲歌"

> 满族王朝的声威一遇到英国的枪炮就扫地以尽,天朝帝国万世长存的迷信破了产,野蛮的、闭关自守的、与文明世界隔绝的状态被打破,开始同外界发生联系……
>
> ——马克思《中国革命和欧洲革命》(1853 年)

1

西方资本空间扩张到中国引发的冲突,不仅是资本逻辑对君主权力的冲击,是两种社会形态的冲突,而且是文明与野蛮的对垒。"满族王朝的声威一遇到英国的枪炮就扫地以尽,天朝帝国万世长存的迷信破了产,野蛮的、闭关自守的、与文明世界隔绝的状态被打破，开始同外界发生联系。"①

从这段话可以看出，在马克思、恩格斯看来，英国及欧洲代表的是文明，而"满族王朝"代表的则是野蛮。不仅在这里，他们在其他著作中也多次强调了这种区别，为何这样区分？标准是什么？他们是如何看文明和野蛮的关系的？

以"文明""野蛮"来评价当时的英国和中国，应该是受到这两个概念在 18、19 世纪的欧洲被广泛使用的影响。

"文明"与"野蛮"并不是一开始就是一组绑定的、相对的概念。西方"野蛮（barbarism）"概念词源是古希腊语"βαρβαρος"，意为"外国的（foreign）"或字面意义的"口吃"，因为希腊人无法听懂外国人的语言，只听出来如"ba－ba"一般的声音，于是就用这个词来指代说非希腊语的人。与此类似，中国古代也总是将中原周边各族称作"蛮夷"，以中原地区为华夏，周边各族按方位分别划为"南蛮""北狄""东夷""西戎"；日本也将在 16 世纪从东南亚来到日本传教的葡萄牙人称作

---

① 《马克思恩格斯论中国》，人民出版社 2015 年版，第 6 页。

"南蛮人",将他们带来的西方文化称作"南蛮文化"。

因此,"野蛮"只是一个区别我与他、内与外的功能性概念,是人类用来形容不同于本族群的他者,以此标定边界,获得对自身的认同。而为何没有直接用外国、外人、他国来表达这层意思,是因为人类有一种天然的主体意识局限,在遭遇到与自身不同的文化和族群时,总是会将自身想象得更加优越,而且对外来事物有着本能的抗拒、警惕意识,也就不免对他者充满负面的印象。如果说人类早期的"野蛮"概念的贬义性、负面性尚带有一定的自发性,那么西方现代社会的"野蛮"定义就凸显了自觉性。

据考证,"文明"概念的法语词由维克多·雷奎蒂在 1756 年创造,意为"秩序井然的制度、鼓励社交和限制贪婪"①。"文明"起初的定义就是与"野蛮"相对,即脱离了野蛮。19 世纪时,文明被用来承担同化和进化的使命,这层内涵被帝国主义

---

① [美]帕特里克·曼宁著,刘文明译:《1756 年以来的"文明"概念:世界历史框架下的反思》,《全球史评论》2021 年第 2 期。

意识形态迅速吸收，欧洲国家开始自称文明国家，与欧洲内部的和欧洲以外的"未开化的""野蛮的"国家或地区对立①，认为这些"野蛮"国家也应该接受文明的改造。比如英国就喜欢将其殖民地的子民称作"野蛮人"，而对中国将之称作"夷"十分不满，因为他们认为这个词对应着英文中的"barbarian（野蛮人）"，为此专门在《天津条约》中要求在提及英国的地方禁止使用"夷"字。② 可见，文明概念在西方的最初使用中就体现了优越感和等级论，帝国主义国家以自身定义文明、代表文明，以传播文明为借口对被他们指定为"野蛮"的国家实行文化殖民和文化霸权，为殖民扩张合法化提供观念支撑和政治修辞。

在这种文明优越感和使命感下，同一种暴力行为在"文明"国家与"野蛮"国家也会被赋予不同的意义。"野蛮人生来就是暴力的和非理性的。而

---

① ［英］马克·B. 索尔特著，肖欢容等译：《国际关系中的野蛮与文明》，新华出版社2004年版，第20－21页。

② ［美］参见刘禾著，杨立华等译：《帝国的话语政治：从近代中西冲突看现代世界秩序的形成》，生活·读书·新知三联书店2009年版，第40页。

定义文明

帝国统治本身尽管存在暴力，但它是理性的，又有'教化使命'证明其合理性。'当地人'进行的屠杀被描绘为野蛮的；而帝国统治的屠杀则被看作是令人遗憾的，当属最后不得已而为之举。19世纪，小说家们和其他人一起广泛宣传'野蛮'暴力与'文明'暴力之间的差异。"①

虽然马克思、恩格斯使用文明与野蛮的概念，一定程度上受到了西方文明观的影响，但是作为资本主义现代性的批判者，他们显然并未陷入西方中心论，并不认同资本主义文明的绝对优越性、终极性、永恒性，也不认为资本主义文明在所有方面都是进步的，都应该被学习和模仿。在他们看来，资本主义国家相对于当时中国的"文明"只是暂时的、部分的，甚至是虚伪的、野蛮的。

马克思、恩格斯当时并未严格区分文明和资本主义文明，是因为资本主义文明在当时尚是诸文明形态中最高级的样态，资本主义文明就是现代文明。在《共产党宣言》中，马克思、恩格斯指出，

---

① ［英］马克·B. 索尔特著，肖欢容等译：《国际关系中的野蛮与文明》，新华出版社2004年版，第47页。

资产阶级"把一切民族甚至最野蛮的民族都卷到文明中来了……迫使它们在自己那里推行所谓的文明，即变成资产者"①。可见，马克思、恩格斯此时所说的文明就是指资本主义文明。

而资本主义社会之所以代表着文明，与其发达的生产力、充分发展的分工、广泛的商品贸易、大工业的普及、前所未有的开放性和国际性密切相关，这意味着人已经摆脱了受自然支配的、彼此孤立的状态，而有了充分的联系和依赖，人能通过机器改造自然，自主创造劳动产品。

在资本主义社会，分工、由分工而产生的个人之间的交换，以及结合了分工与交换的商品生产，都得到了充分的发展，完全改变了先前的社会状态。最典型的例证是生产工具的变化，先前社会的生产工具是自然形成的，完全来自大自然，比如耕地、水等，这时候人们生产什么、能生产多少完全取决于自然资源和气候状况，受到自然界的支配。而在资本主义社会，人们在科学技术上取得巨大进

---

① 《马克思恩格斯文集》第 2 卷，人民出版社 2009 年版，第35 – 36 页。

步，制造出各种机器，生产可以自主控制，技术越来越先进；随着生产的产品的数量和种类越来越多，生产不再完全受自然界支配，自然界反而要为工业生产服务。

在《家庭、私有制和国家的起源》中，恩格斯引用摩尔根对人类历史的分期，划分出了蒙昧时代、野蛮时代和文明时代："蒙昧时代是以获取现成的天然产物为主的时期；人工产品主要是用做获取天然产物的辅助工具。野蛮时代是学会畜牧和农耕的时期，是学会靠人的活动来增加天然产物生产的方法的时期。文明时代是学会对天然产物进一步加工的时期，是真正的工业和艺术的时期。"① 很明显，这种划分是以生产方式的进步程度为标准的，遵从历史发展的时序性。

可以看出，马克思、恩格斯是从纵向的历史发展进程的视角来评判文明的优劣和高低，即代表历史发展趋势的才是文明的，不代表历史发展趋势的，即使文化源远流长、博大精深，也是野蛮的。这种野蛮和文明针对的是制度和社会形态，是从前

_____

① 《马克思恩格斯文集》第4卷，人民出版社2009年版，第38页。

现代社会与现代社会的关系角度去说的，而非针对某个国家的文化，是基于历史事实而非价值评价。此时的中国正处在前现代的、前资本主义的农业社会，还停留在封建君主专制制度，所以被认为是野蛮的。

在文明与野蛮的冲突中，最终必定是文明战胜、征服野蛮。马克思在谈及印度被侵略时曾指出："相继侵入印度的阿拉伯人、土耳其人、鞑靼人和莫卧儿人，不久就被印度化了——野蛮的征服者，按照一条永恒的历史规律，本身被他们所征服的臣民的较高文明所征服。不列颠人是第一批文明程度高于印度因而不受印度文明影响的征服者。他们破坏了本地的公社，摧毁了本地的工业，夷平了本地社会中伟大和崇高的一切，从而毁灭了印度的文明。"① 与印度同处野蛮状态的国家在征服印度之后，不管曾对之造成多大破坏，都只是表面上的，并没有改变印度本身的文明状态，反而会被印度本土的更高的文明所同化；相比较之下，英国这种与印度不同本质的高阶文明，则会从根本上摧毁印度

---

① 《马克思恩格斯文集》第2卷，人民出版社2009年版，第686页。

原有的旧文明，改变其性质，使其开始引入新的现代的生产方式、政治制度，从野蛮走向现代文明。马克思认为，这种文明对野蛮的征服，是一个普遍的规律，它与同性质的文明之间的征服与被征服关系有本质区别。

这与我们当下所说的"文明没有高低优劣之分"是有区别的。此文明则更多是指文化价值观念，针对的是欧美国家意欲将自己化身为自由民主的代言人，而将其他非西方价值观念的国家污蔑成专制的、威权的、不自由的、不民主的这一现象而言的，强调文明没有高低优劣之分，有利于摧毁部分西方国家所建构出的意识形态霸权。

2

文明必然包含着进步，马克思肯定了西方现代文明相对于清王朝这种传统文明的进步性。承认文明有高低之分，才能重视社会生产力的发展，看到人类社会形态的历史演变，推动人类不断改变世界。但文明并不等同于进步，进步可以只是量的变化，而没有质的差别。文明与野蛮的区分是质的差

别，即在由生产力决定的制度和经济社会形态上的
发达进步。

在资本主义生产方式下，文明虽然包含着进步，但这种进步的成果并没有为大多数的劳动者享有，而是集中在作为资本的人格化的资本家手中。在国际层面，表现为财富向发达资本主义国家集中。文明的进步确实带来了社会生产力的增长，但也伴随着资本权力的增强和劳动者被剥削程度的加深。

文明国家也并不都是进步的，文明也有"不文明的""野蛮的"地方，文明并不是一个空间上限定的、时间上永恒的社会形态，它是相对的。资本主义文明具有伪善性，不是各个方面都文明，它有着比"野蛮"国家更野蛮的地方。

野蛮也是如此，"野蛮"国家并不是任何方面都野蛮，也有比文明国家更文明的地方。马克思、恩格斯是以辩证的视角看文明和野蛮的，他们虽然将资本主义社会称作文明，但显然并不认为这种文明就是最好的，就是人类文明的终结形态。他们肯定了资本主义在传播文明、加速人类文明进程方面的作用，但是同样揭露了其目的的贪婪自私性和手

段的野蛮性，看到了"文明世界"的缺陷，所以在谈到欧洲文明国家的时候，恩格斯总是用饱含讽刺的语气："你们把文明带到世界的各个角落，以便赢得新的地域来扩张你们卑鄙的贪欲"①。

资本主义文明的伪善性体现在两个方面：第一，在本土与在殖民地采取不同态度的"双标"。资产阶级在本国是以主张自由、平等、博爱的形象上台的，而在它殖民的地方，却是以帝国主义面貌出现的。"当我们把目光从资产阶级文明的故乡转向殖民地的时候，资产阶级文明的极端伪善和它的野蛮本性就赤裸裸地呈现在我们面前，它在故乡还装出一副体面的样子，而在殖民地它就丝毫不加掩饰了。"② 他们在本国强调保护财产、维持秩序、保护宗教，但却在印度殖民地大肆掠夺、勒索、没收财产、禁止传教。第二，表里不一，打着自由贸易的幌子行着贸易垄断的勾当，"英国政府公开宣传毒品的自由贸易，暗中却保持自己对毒品生产的垄断"③。

---

① 《马克思恩格斯文集》第 1 卷，人民出版社 2009 年版，第 62 页。

② 《马克思恩格斯文集》第 2 卷，人民出版社 2009 年版，第 690 页。

③ 《马克思恩格斯论中国》，人民出版社 2015 年版，第 74 页。

还有，以受害者的名义挑起战事，实为获得更多利益，弥补自己的损失。马克思写道，第二次鸦片战争便是英国以一个莫须有的借口发动的：1856年10月，中国水师逮捕了走私船亚罗号划艇上的12名水手，船主和水手都是中国人，船长是被雇用的英国人，持有一张过期的香港执照。而英国硬说亚罗号是英国船只，指控中国水师扯下了英国国旗，以此为借口率兵进犯广州，掀起战事。而实际上，船上并未悬挂英国国旗，船只的所有权也不属于英国。因此，马克思表示，英国的说法是"站不住脚的借口"，"这些不分青红皂白的说法是毫无根据的"。① 他揭露了英国挑起冲突的真实意图："惯于吹嘘自己道德高尚的约翰牛，却宁愿隔一定的时候就用海盗式的借口向中国勒索军事赔款，来弥补自己的贸易逆差。"② 同时，英国还利用报纸歪曲事实，只是控诉中国在此事件中的不道德，却对自身所做的非法鸦片贸易、非法贿赂、贩卖杀害奴隶、欺凌中国人等行为讳莫如深，让英国民众乃至全世

① 《马克思恩格斯论中国》，人民出版社2015年版，第54页。
② 《马克思恩格斯论中国》，人民出版社2015年版，第80页。

界认为他们站在道德高地。

对这场冲突，马克思感慨道："在这场决斗中，陈腐世界的代表是激于道义，而最现代的社会的代表却是为了获得贱买贵卖的特权——这真是任何诗人想也不敢想的一种奇异的对联式悲歌。"① 清王朝虽然陈腐、野蛮，但还保留着让人民免受鸦片侵蚀的基本道德和保卫民族独立的精神，而西方现代资本主义国家仅仅为了谋取利润就随意侵略他国、杀害平民百姓。在亚罗号事件的磋商过程中，代表文明社会的英国"海军将军态度蛮横，大肆恫吓"②，而尚处在野蛮国度中的"中国总督则心平气和、冷静沉着、彬彬有礼"③。文明与野蛮国家的不同举止形成了鲜明的对比，充满了对资本主义文明虚伪性的讽刺。

由此可见，历史发展上的文明不代表道德上的优越，"文明的"不一定高尚，"野蛮的"不一定低贱。资本主义社会在马克思看来虽然是文明社会，但是它并未充分实现它所主张的、所引以为傲的文

① 《马克思恩格斯论中国》，人民出版社 2015 年版，第 71 页。
② 《马克思恩格斯论中国》，人民出版社 2015 年版，第 53 页。
③ 《马克思恩格斯论中国》，人民出版社 2015 年版，第 53 页。

明价值，比如自由、民主、平等、博爱，反而在某些方向走向了它的反面。资本主义国家这种在文明与野蛮上表现的两面性，恰恰是资本两面性的体现，资本既因为追求价值增殖而促使生产力快速发展，也因此变得不择手段。正是资本两面性，决定了西方资本主义社会成为文明和野蛮的复合体。

在恩格斯看来，虽然英国的战争手段显得现代、文明、先进，有组织、有原则，但本质上是对中国不正义、不正当的侵犯，文明只是他们野蛮的侵略本性的伪装。而且他们本身的手段也并没有多文明，他们无情地把炮弹射向了毫无防备的城市、杀人又强奸妇女，行为十分残暴；而中国人民反抗的手段无论看起来多么"野蛮"，都是出于维护民族生存的正当自卫，这些手段是他们在以正规手段难以抵御时所能采取的唯一手段。

马克思、恩格斯还戳穿了帝国主义文明话语的另一重虚伪，即使西方资本主义文明国家有传播文明的使命，他们在征服野蛮之后，也并没有实现所谓的文明重建，反而是进行了破坏。比如，英国在摧毁印度的社会结构后，没有任何重新改建的迹象，"印度人失掉了他们的旧世界而没有获得一个新世界"①。对此，西方著名左翼理论家埃伦·M.
伍德（Ellen Meiksins Wood）也有类似看法，她指
出，18 世纪下半叶，东印度公司对印度的掠夺不再
以获取商业利润为目的，而是将印度当作财政收入
来源，于是以非资本主义的、前现代的税收和贡赋
形式榨取印度劳动者的剩余劳动，结果是"不仅没
有对印度进行'现代化'，反而在英国政府的帮助
下把印度退回到了更为古老的非资本主义的形
态"②，这种战略"通过牢固地确立甚至创造早已过
时的地主—农民关系使得印度的经济与社会发展发
生了倒退"③。帝国主义会为了保持对殖民地的长久
奴役和掠夺，故意保留其中部分封建落后的要素，
这也是英法等国会联合清政府打击太平天国运动的
原因。对于被殖民或被侵略的国家来说，只有通过
自身的革命与奋斗，才能重建出新文明。

帝国主义这种作为殖民话语的文明论长期以来

---

① 《马克思恩格斯文集》第 2 卷，人民出版社 2009 年版，第 679 页。

② ［加］埃伦·M. 伍德著，王恒杰、宋兴无译：《资本的帝国》，
上海译文出版社 2006 年版，第 83 页。

③ ［加］埃伦·M. 伍德著，王恒杰、宋兴无译：《资本的帝国》，
上海译文出版社 2006 年版，第 83 页。

并未消散，而是演化为"历史终结论"，即认为人类历史将终结于以自由民主和市场经济为内核的西方制度。这实际是一种充满命定论色彩的文明终结论，即认为人类文明将以西方资本主义文明为终点，是所有国家和民族文明发展的最终归宿。虽然"野蛮"在帝国政治话语中已几近隐匿，已经被"文明冲突"的论调代替了，但其中的霸权实质并没有改变。实际上，文明是一个地区和国家在自身的实践活动中自然生成的物质和精神成果，文明之间本身并不存在冲突，而只有差异，这种所谓的冲突实际是帝国争夺资源、统治权的利益冲突。

3

当今世界的现状表明，不是发展出了文明就消除了野蛮，而是可能出现更恐怖更夸张的新野蛮，野蛮并未消失，只是换了一种形式存在，比如战争、侵略、种族灭绝、弱肉强食等。如果说野蛮是"缺乏文明的"，那么文明社会则既有文明的过剩也有文明的极度匮乏。文明包含着进步，也出现了倒退，野蛮不再只是前现代社会或某个国家的独属特征，而成为现代文明的一部分，文明与野蛮并不是历时性关系，而是共时性存在，构成现代性的矛盾表征。文明与野蛮之间不再有不可逾越的界限，也不再是某个民族、国家、肤色的独属标签，文明人可能同时也是个野蛮人，文明国家同时是野蛮国家。如何发展出真正的文明，预防和解决野蛮问题，是人类现代化进程中必须面对的重要课题。

应该看到，文明与野蛮也并不能以截然二分的对立视角去理解，两者在某些方面可以并存，即取得自然性与社会性的平衡。野蛮实际上根源于人类作为动物性存在的天然特性，体现了人的自然性，它可能是粗暴、服从本能、没有道德感的，但也可能是强壮、单纯、容易满足的。正因此，卢梭以赞扬自然状态的野蛮人来反衬现代文明人的堕落。文明则更多体现出人类摆脱对自然的盲目崇拜，创造出体现人作为自由自觉的类存在物的社会财富、规范和制度，体现人的社会性。人类不能抛弃自身的肉体存在，自然也就不能彻底或过度压抑自身的野蛮性，但也不能纵容野蛮，放弃对文明的追求，这两种极端思路都是对人之为人的否定。毛泽东曾提出"欲文明其精神，先自野蛮其体魄"的口号，正是体现二者可以平衡的例证。

马克思、恩格斯看到，在当时最先进的文明形态——资本主义文明本身是存在缺陷的，还没有去掉野蛮的一面，它充满了悖论，沾染了各种"病症"，暗藏着风险。今天需要强调的是，文明的进程远远没有结束，文明并不等同于西方，现代文明也不只有西方文明一种，还需要进一步创造和增添新的、更高级的、更进步的文明，也就是指向人类解放和人的自由全面发展的文明。

为此，要树立新的文明观，树立平等、互鉴、对话、包容的文明观，以文明交流超越文明隔阂，以文明互鉴超越文明冲突，以文明共存超越文明优越。文明是一种社会和文化的组织形式，在不同的地区有不同的形态，文明之间是平等的、共生的，没有优劣之分，没有主导和从属关系。我们既不能抱着优越感以自身的文明标准和道路去评价和要求他国，也不能妄自菲薄、一味贬低自身的文明，要保持对他国不同文明发展道路的开放、包容态度；既不能陷入其他文明国家的话语霸权中，也不能制造新的话语霸权，为攻击甚至毁灭另一种文明提供合法性依据，不能高举道德大旗，认为文明就该征服野蛮、改造野蛮。只有这样，才能促进文明的交流与传播，在他国文明的"镜像"中看到自身的长和短，在广泛吸收、借鉴、融合古代和现代、本国和外国的优秀文明成果的基础上，实现自身文明的更新。

文明可以也应该互鉴和共存。虽然各个国家和民族的具体情况不同，但总会面临一些共性问题，形成共通的理解、认识和解决方案，总有可资借鉴的文明成果。差异性、矛盾性是人类社会进步的动力，不同文明的碰撞、结合会产生新的能量，是文明进化的动力，以霸权威慑他国、同化他国本质上并不利于自身的发展。应该追求和而不同，若万物趋同，就难以为继，只有和而不同才能孕育新生事物。以他平他，是要以他者自身的标准、尺度来解决他的问题，而不是用别的标准强加于上。文明也是如此，多个不同文明主体和谐相处、共同发展才能走得长远，若罔顾自身或他国的历史传统和地理环境，强制同化他国或照抄他国，则会导致水土不服和反噬。

这种新文明观所追求的文明，要超越资本主义文明。超越，不是排斥，不是完全不同，不是刻意跳过或避开一些文明发展都必须经历的阶段、都必须利用的条件，而是在借鉴吸取积极成果、反思其缺陷的基础上，在物质层面更丰富的同时，在精神层面追求真正的自由解放。为此应尽量减少和限制文明社会的野蛮问题。这些野蛮问题包括但不限于，对富人收割穷人、资本家剥削劳动者、大国侵犯小国的纵容，对生态环境的肆意破坏，对破坏力巨大的军事武器的滥用，弱肉强食的丛林法则思维，拜物教观念的野蛮生长，等等。

新文明的产生并不是一蹴而就、凭空降临的，需要经过数代人的长期努力奋斗才能慢慢积累和发展起来。一种新文明应该有一个完整的形态，只有具备在整体上能称之为现代文明的基本要素，才能在此基础上取得更大的进步。这个进步的过程也要遵循事物发展的规律，不是直线上升，而可能出现局部或阶段性倒退，但在总体上会保持着进步的趋势。

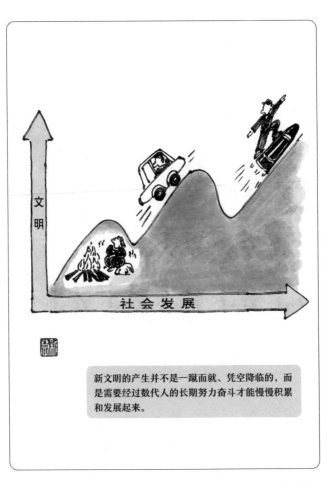

新文明的产生

四、革命还是起义:
太平天国的"惊醒"与"停滞"

中国革命将把火星抛到现今工业体系这个火药装得足而又足的地雷上,把酝酿已久的普遍危机引爆,这个普遍危机一扩展到国外,紧接而来的将是欧洲大陆的政治革命。

——马克思《中国革命和欧洲革命》(1853 年)

1

资本逻辑在中国的扩张,带来了中国革命。面对外敌,中国人民自然而然地起身反抗。马克思、恩格斯关注到的是太平天国运动。在 1853 年写作的《中国革命和欧洲革命》一文中,马克思将太平天国运动称作"中国革命",对其可能造成的世界历史作用充满期待并寄予厚望。

在这篇文章中，马克思从黑格尔的"两极相联规律"开始写起。这个规律是否真如黑格尔所认定的是自然界的基本奥秘之一，是适用于生活一切方面的真理，是哲学家所离不开的定理？马克思没有表达是赞同还是反对，他采取的态度是"姑且不论"。

马克思的目的是引出文章的主题句："中国革命对文明世界很可能发生的影响却是这个原则的一个明显例证。"① 也就是说，"中国革命"与欧洲革命是两极，两者的关系是符合两极相联规律的。

"中国革命"拜欧洲的入侵所赐，"运动发生的直接原因显然是：欧洲人的干涉、鸦片战争、鸦片战争所引起的现存政权的动摇、白银的外流、外货输入对经济平衡的破坏，等等"②，这一系列动荡因素导致国内小农经济遭受冲击，鸦片贸易致使白银外流，加上大额的战争赔款，使得清政府国库亏空，只能加重对百姓的盘剥，百姓承担了更重的赋

---

① 《马克思恩格斯论中国》，人民出版社 2015 年版，第 5 页。

② 《马克思恩格斯论中国》，人民出版社 2015 年版，第 122 页。

税，生计难以维持，只能反抗。

当英国引起了"中国革命"的时候，便出现一个问题，即这场革命将来会对英国并且通过英国对欧洲产生什么影响？答案是：又必然会激发欧洲革命，动摇整个所谓的文明世界。"中国革命将把火星抛到现今工业体系这个火药装得足而又足的地雷上，把酝酿已久的普遍危机引爆，这个普遍危机一扩展到国外，紧接而来的将是欧洲大陆的政治革命。"①

如何动摇？不是中国革命的战火燃烧到欧洲，而是中国此时已经被纳入世界市场、世界历史中，英国依靠中国的市场，中国市场随着中国革命的爆发而无法发挥作用，必然会带来英国的商业危机，进而带来政治革命。

在马克思、恩格斯看来，战争也好，革命也好，如果不是来自工商业的普遍危机，都不大可能造成全欧洲的纷争，而那种危机到来的信号，总是来自英国这个欧洲工业在世界市场上的代表。英国的工业自 1850 年以来空前发展，但市场的扩大仍

---

① 《马克思恩格斯论中国》，人民出版社 2015 年版，第 11 页。

然会赶不上英国工业的增长，必然带来经济危机。如果有一个大市场突然缩小，那么危机的来临必然加速，而中国革命对英国正是会起到这种影响。

在马克思写这篇文章的时候，他当然还不知道太平天国运动最后的结局，也不知道这场农民起义对于旧中国的意义、对于新中国的价值，但他是不会轻易地将这场运动称为革命，更不会将其称为中国革命的。可以看出，当时的马克思对尚处于蓬勃发展态势的太平天国运动寄予厚望，希望这场运动能够引发普遍的欧洲革命。

马克思将太平天国运动称为中国革命，可以说主要依据是：从其爆发的原因来看，它是受资本主义内在矛盾世界性蔓延的刺激和中国内部阶级矛盾激化共同作用的结果，是在人类社会形态更替的关键节点上发生的运动。从斗争对象上看，它既反对清政府的地主阶级统治，又反对西方资本主义的侵略，曾一度提出"均贫富""人人平等"的口号，内含着创建新的社会制度、推动中国走向新的社会形态的倾向。它的暴力行动对加快旧中国的崩溃、加重西方资本主义国家的经济危机，进而引爆欧洲无产阶级革命显示出了重要作用。

当时的马克思对尚处于蓬勃发展态势的太平天国运动寄予厚望，希望这场运动能够引发普遍的欧洲革命。

寄予厚望

太平天国能起到这种功能吗？至少当时的马克思是这样认为的，对其充满期待。

2

近 10 年之后，1862 年，马克思发表了《中国记事》一文，主要谈了对太平天国运动的认识，借助的材料是当时驻宁波的英国领事夏福礼的一封信。他在文中写道："在这次中国革命中奇异的只是它的体现者。除了改朝换代以外，他们不知道自己负有什么使命。他们没有任何口号……他们的使命，好像仅仅是用丑恶万状、毫无建设性的破坏来与停滞腐朽对立。"[1]

可以说，这个时候，马克思已经看清了太平天国运动的本质，表现出对太平天国运动的失望。马克思大篇幅地引用了夏福礼信中的内容："宁波落入革命太平军之手已经三个月了。这里同这些强盗们统治所及的任何地方一样，破坏是唯一的结果。难道他们还追求别的目的吗？在他们看来，使自己

---

[1] 《马克思恩格斯论中国》，人民出版社 2015 年版，第 122 页。

拥有无限的胡作非为的权力实际上同伤害别人生命一样重要。太平军的这种观点，同胡说什么太平军将'解放中国'，'复兴中国'，'拯救人民'和'推行基督教'的英国传教士们的幻想实在不相符合。他们吵吵嚷嚷煞有介事地闹了 10 年，结果是破坏了一切，而什么也没有建设起来。"①

　　马克思已经不再将太平天国运动看作中国革命的化身了。中国革命还在发生，但已经不再等同为太平天国。"在东方各国我们总是看到，社会基础停滞不动，而夺得政治上层建筑的人物和种族却不断更迭。中国是被外族王朝统治着。为什么过了三百年不能来一个推翻这个王朝的运动呢？"② 马克思给出的结论性观点是："太平军给人的印象就是中国人想象中的那个凶神恶煞下凡。而这种凶神恶煞只是在中国才可能有。它是停滞的社会生活的产物。"③

　　实际上，马克思并不是第一个说中国"停滞"的西方思想家。亚当·斯密在《国民财富的性质和

---

① 《马克思恩格斯论中国》，人民出版社 2015 年版，第 122 – 123 页。

② 《马克思恩格斯论中国》，人民出版社 2015 年版，第 122 页。

③ 《马克思恩格斯论中国》，人民出版社 2015 年版，第 124 – 125 页。

原因的研究》中曾说："中国一向是世界上最富的国家，就是说，土地最肥沃，耕作最精细，人民最多而且最勤勉的国家。然而，许久以来，它似乎就停滞于静止状态了。今日旅行家关于中国耕作、勤劳及人口稠密状况的报告，与五百年前视察该国的马哥孛罗的记述比较，几乎没有什么区别。也许在马哥孛罗时代以前好久，中国的财富就已完全达到了该国法律制度所允许的发展程度。"① 亚当·斯密说的是中国的国民财富、经济实力、人口状况等很早就达到了一个相当富有的程度，并且长时间没有太大变化。

黑格尔也从哲学角度肯定了亚当·斯密的停滞论："中国很早就已经进展到了它今日的情状；但是因为它客观的存在和主观运动之间仍然缺少一种对峙，所以无从发生任何变化，一种终古如此的固定的东西代替了一种真正的历史的东西。中国和印度可以说还在世界历史的局外，而只是预期着、等待着若干因素的结合，然后才能够得到活泼生动的

---

① ［英］亚当·斯密著，郭大力、王亚南译：《国民财富的性质和原因的研究》上卷，商务印书馆 2014 年版，第 69 - 70 页。

进步。"① 可以看出，黑格尔的观点与亚当·斯密很一致，很可能是受了亚当·斯密的影响，而马克思也有可能同时受到这两人的中国观的影响。

他们对古代中国"停滞"的认识，是以西方率先开启现代化之后呈现出剧烈的变动为参照的，"现代"的本来含义就包括了强烈的社会变革带来的现在与过去大有不同的时间意识。这种停滞不是说中国在经济、政治、文化等各方面毫无进步、没有改变，而是针对中国的经济结构，也就是马克思所说的社会基础——中国小农式经济结构持久稳定。

太平天国运动对这种停滞性社会生活的反映主要体现在：一是依然抱有对建立新的封建王朝的向往，并没有把握住中国和世界的历史发展趋势，没有意识到自身在此历史节点可以承担起的历史使命，没有建立一个新的现代社会的自觉意识。他们反对和破坏当下的清王朝，不是不要君主了，而是要取而代之，建立一个新的封建王朝，而非一种新

---

① ［德］黑格尔著，王造时译：《历史哲学》，上海书店出版社2006年版，第110页。

这是一场看起来最接近革命的农民起义，对推动中国社会的变革也有更独特的意义。

取而代之

的社会制度。这依然是封建社会内部的王朝更替运动，不触及封建专制制度本身。

二是管理混乱，军纪涣散，没有现代军队的意识和解放人民的使命感，充满农民阶级的局限性。具体来说，他们只要求军队在执行任务时服从命令；兵士没有军饷，只靠战利品生活；行为粗暴，攻城后随意杀害民众，奸淫女子。

三是依靠制造谣言和恐慌的手段作战。引起恐慌是太平军的全部战术，他们通过扮鬼扮丑、散布谣言、制造恐怖氛围，恐吓政府军和百姓，以取得作战胜利。

虽然太平军起初提出了一些革命性的口号，做了一些富有创新性的改革，但最终局限于小农思想，没有从根本上走出农民起义的循环。因此，此时的马克思改变了对太平天国运动的看法，他们肯定不会再认定这场运动能够引发普遍的欧洲革命、改变欧洲的文明世界。

需要注意的是，因为马克思、恩格斯从未到过中国，对太平天国运动的了解也是有限的，只能依据西方人转述的二手材料，所以会得出一些不太符合真实情况的结论。比如，他主要依靠的夏福礼的信本身就有明显的殖民主义偏见；他认为太平军没有任何口号，但事实上太平军也确实做出了很多具有创新性的改革。

虽然太平天国运动依然是农民起义，但就它同时反对封建势力和帝国主义侵略而言，已经在运动性质上跟之前的农民起义大不相同，可以说，这是一场看起来最接近革命的农民起义，对推动中国社会的变革也有更独特的意义。因此，在理解马克思的评价时，应基于历史事实全面、客观地看待。

3

对太平天国运动评价的转变，实际上反映了马克思、恩格斯的革命观。一开始使用中国革命形容太平天国运动，后来却放弃使用，这意味着什么？对太平天国运动是否为中国革命，或者说能否把中国革命理解为太平天国运动，这个问题涉及马克思究竟如何看待革命的问题。

中国革命是指什么革命，是否特指太平天国运动？马克思确实讲过"中国的连绵不断的起义已经延续了约十年之久，现在汇合成了一场惊心动魄的革命"①，这场惊心动魄的革命显然就是指太平天国运动，中文本注释也把马克思讲的中国革命解释为太平天国运动。

也要看到，马克思实际上又把太平天国运动看作这些起义中的一种，只不过是一次大爆发，他其实也明确提到"目前中国的起义"，1856年《欧洲的金融危机》一文中将太平天国运动称为"中国的起义"，1857年《俄国的对华贸易》一文将太平军称为"起义部队"，1858年《鸦片贸易史》讲到鸦片战争"使中国发生起义"。

马克思实际上一直既使用革命又使用起义来形容太平天国运动。他希望并且一开始也认为太平天国能够充当中国革命的角色，后来则明显将其看作又一场农民起义。

如何看待革命与起义的差异？革命必须是社会形态的根本性变革，一场运动或起义能称为革命，必须是推动社会全方位根本变革的运动。马克思所指的中国革命实际上也就是在这个意义上使用的，马克思讲英国的大炮引起了中国革命，着力点都是

---

① 《马克思恩格斯论中国》，人民出版社2015年版，第6页。

讲"天朝帝国"万世长存的迷信破产，中国与世隔绝的状态被打破，破坏了皇帝的权威，旧中国必然解体，影响着"中国的财政、社会风尚、工业和政治结构"的变革。

那我们是否可以说，马克思关于中国革命和欧洲革命的关系尤其是中国革命必然带来欧洲革命的判断完全错了呢？如果我们理解为就是太平天国运动对于欧洲革命的影响，那肯定是错的。

如果我们把中国革命看作一系列终结君主专制制度的起义、运动，把太平天国运动本身只是看作中国革命的一部分而不等同于中国革命，那就是对的。真正引发欧洲革命、触动欧洲的是真正意义上的中国革命，是从旧中国解体中出现的中国的变革。

这个意义上的革命不是随时都能爆发的，不是可以强行制造的，而是随着生产力发展，现有生产关系、政治制度已不能容纳这种发展的速度和规模，从发展的条件变成了发展的阻碍时，才会发生。

革命是社会形态的整体变革，包含着"新"与"进步"的要求。只有能够解放和发展生产力、变革生产关系进而变革政治制度的运动，才是革命。革命运动以生产关系的变革为基础，会引发经济生活、政治环境、文化模式、社会秩序及人的观念等各方面的深刻变化。也就是说，决定一场运动或起义是不是革命，不是其实现方式的激烈程度，而是它是否对解放和发展生产力、变革生产关系进而变革政治制度起到了根本作用。

五、历史性与伦理性：
评价人类社会历程的两个维度

如果亚洲的社会状态没有一个根本的革命，人类能不能实现自己的使命？如果不能，那么，英国不管犯下多少罪行，它造成这个革命毕竟是充当了历史的不自觉的工具。

——马克思《不列颠在印度的统治》
（1853 年）

1

马克思、恩格斯对资本全球空间扩张给中国社会乃至人类社会带来的影响不是冷眼旁观之，没有只停留在事实描述层面，而是依据历史唯物主义的方法论，既给出了客观评价，又诉诸伦理评判。

可以说，马克思、恩格斯在他们的文章中表达了一个非常重要的观点：西方资本列强在极其卑鄙的恶的利益的驱使之下，打开了中国的大门，把中国这个古老的国家拉入了现代文明的进程之中，但不能因为中国进入现代文明的行列之中，就可以否定西方资本列强的卑鄙和无耻。

恶的利益的驱使，带来了善的结果。人类社会历史的进程不以人的意志为转移，必须站在人类社会客观规律、历史必然性的基础上冷峻地看待历史进程，但也应该给主观情感和道德留下空间。

马克思曾如此评价英国对印度殖民的意义："英国在印度斯坦造成社会革命完全是受极卑鄙的利益所驱使，而且谋取这些利益的方式也很愚蠢。但是问题不在这里。问题在于，如果亚洲的社会状态没有一个根本的革命，人类能不能实现自己的使命？如果不能，那么，英国不管犯下多少罪行，它造成这个革命毕竟是充当了历史的不自觉的工具。"①

英国为了完全占据印度的棉纺织市场，不得不开始重建印度，包括摧毁印度的村社制度和种姓制度，让印度各个孤立的村庄建立起联系，结成新的

① 《马克思恩格斯文集》第2卷，人民出版社2009年版，第683页。

需要，在印度修建铁路，引进蒸汽机和现代交通工具、通信工具，这些都将促进印度生产力的发展，引发印度的社会革命，但这并不是英国殖民的本意，他们无心于此。殖民推动了印度的历史向前发展，但并非自觉的，而只是出于恶的利益驱使无意之间带来了附加的、客观的善的结果。

西方列强在中国的殖民侵略，也发生了类似印度一样的影响。英国的入侵打破了中国自我封闭的状态，将中国拖进现代文明进程之中，加速了旧中国的解体速度，促使其涅槃重生。

中国开始学习西方的技术和理念、发展商品生产，开启了现代化的进程，虽然这是被动的，但确实结束了曾经封闭的、长久停滞的、落后的、封建的前现代社会状态。

正因为这种正向的影响，一部分人开始美化殖民侵略，认为正是西方帝国的侵略和殖民，才最终使其他野蛮国家走向现代文明国家的重建。因此不能否定这种侵略，反倒应该感谢这种侵略。马克思、恩格斯对被殖民国家发生的历史进步的强调，似乎也让人感觉他们更偏向于肯定殖民的作用，或者至少是站在欧洲中心主义的立场上。

美化殖民侵略

2

但实际上，马克思、恩格斯在描述资本逻辑扩张带来的对旧中国的摧毁作用的同时，从未停止对资本逻辑扩张的罪恶性的批判。他们不断强调着英国的行为本身在主观上的"恶"，认为列强对华战争是"极端不义的"，对列强在中国残暴虐杀的行为感到愤慨，批判英国利用"非法的鸦片贸易年年靠摧残人命和败坏道德来填满英国国库"① 的卑鄙行径。马克思还曾犀利地反问，难道资产阶级"不使个人和整个民族遭受流血与污秽、蒙受苦难与屈辱就实现过什么进步吗"②?

恩格斯也曾辛辣地揭露了殖民扩张充满伪善的谎言的罪恶本质。他指出，西方资本主义国家在对外扩张时，把文明带到世界的各个角落，只是为了方便赢得新的地域来扩张卑鄙的贪欲；在各民族间建立起的兄弟般的关系不过是盗贼的兄弟情谊；虽

---

① 《马克思恩格斯论中国》，人民出版社2015年版，第54页。

② 《马克思恩格斯文集》第2卷，人民出版社2009年版，第689－690页。

然减少了战争次数，但只是为了在和平时期赚更多的钱，让国与国之间的竞争、敌视变得更加激烈。因此，他们的主观目的根本不是如他们所宣称的那样要打倒垄断、传播文明，要在各民族间建立兄弟友谊，为世界减少战争，而只是出于一种恶的、卑鄙的利益驱使。这是不可否认的事实。

随着研究的深入，马克思后来发现，即使是客观之善的作用也是有限的。他曾表示，英国对印度的殖民"既不会使人民群众得到解放，也不会根本改善他们的社会状况，因为这两者不仅仅决定于生产力的发展，而且还决定于生产力是否归人民所有"[①]。殖民的客观之善只是给印度提供了"物质前提"，而不是解放和发展本身，印度只有自己独立，这种善的作用才能体现出来。

马克思在晚年关注到了农村公社，对资本主义经济运行规律、人类学有了更深入的研究，他开始分析落后国家跨越发展的可能和路径，一定程度上否定了殖民的这种客观作用。1881年，在一封信中，马克思还特别强调了英国殖民印度破坏了印度

---

① 《马克思恩格斯文集》第2卷，人民出版社2009年版，第689页。

原本的公有要素，造成了印度的倒退："那里的土地公有制是由于英国的野蛮行为才被消灭的，这种行为不是使当地人民前进，而是使他们后退。"[①]

于中国而言也是如此，欧洲侵略的本意并不在于让中国走向进步、变得强大，单纯是出于满足本国利益而掠夺中国资源，让中国永久保持着被支配被掠夺的半殖民地状态。毛泽东也曾指出："帝国主义列强侵入中国的目的，决不是要把封建的中国变成资本主义的中国。帝国主义列强的目的和这相反，它们是要把中国变成它们的半殖民地和殖民地。"[②]

遗憾的是，不管资本主义国家殖民行为充满了多少罪恶，旧中国面临这种来自更高水平的生产力和生产关系的冲击，无论如何都是抵挡不了的。在中国坚固的自给自足的小农式经济结构的顽强抵抗下，资本主义商品生产的入侵起初并不成功，但也只能延缓社会解体过程而无法避免，因为资本主义商品生产在它已经扎根的地方，会把一切以生产者

---

① 《马克思恩格斯全集》第25卷，人民出版社2001年版，第476页。

② 《毛泽东选集》第2卷，人民出版社1991年版，第628页。

难以抵挡

本人劳动为基础或只把多余产品当作商品出售的生产形式破坏，中国也不能例外。

面对拥有先进武器和军队的资本主义国家的入侵，当时的中国是难以抗衡的。因而，旧中国虽然庞大，但代表的只是历史的过去式，像没有活力的木乃伊一样，解体只是时间早晚的问题。现代的大工业的生产方式取代前现代的小农生产方式，进而摧毁前现代的政治制度，这具有历史必然性，不以任何人的意志为转移。

因此，马克思强调了人类社会历史发展规律的必然性，即资本逻辑全球扩张会进入世界其他国家，中国和印度等国家注定难以抵挡资本的进入，在此过程中，资本逻辑的扩张将推动整个人类社会现代化的进程，带来社会革命，各民族的历史向世界历史转变。这是一个整体的、必然的、难以抗拒的历史趋势。这是客观性地看待人类社会历程的必然结论。

3

西方资本主义列强击败旧中国是历史的必然，

但马克思、恩格斯还是对当时中国人民的抗争做了道义的声援。他们肯定了中国人民反抗的正义性，高度赞扬中国人民面对侵略英勇顽强反抗的精神："这些中国的鞑靼士兵无论军事技术怎样差，却决不缺乏勇敢和锐气。这些鞑靼士兵总共只有 1 500 人，但殊死奋战，直到最后一人。"①

在批判侵略战争的残暴、卑鄙、极端不正义的同时，恩格斯还专门描述了中国人民抵抗侵略的战争。普通民众的斗争是缺乏组织性的、散乱的，在作战手段上并不会遵守两国官方交战的一般规则，而是采取投毒、暗杀、偷袭等方式，看起来不择手段，对所遇到的外国人无差别攻击，表现为一场灭绝战。

对中国人的这种反侵略战争，恩格斯不但没有批判，反而给予了道义的辩护和肯定。他指出："我们不要像道貌岸然的英国报刊那样从道德方面指责中国人的可怕暴行，最好承认这是'保卫社稷和家园'的战争，这是一场维护中华民族生存的人民战争……而对于起来反抗的民族在人民战争中所

---

① 《马克思恩格斯论中国》，人民出版社 2015 年版，第 58 页。

采取的手段，不应当根据公认的正规作战规则或者任何别的抽象标准来衡量，而应当根据这个反抗的民族所刚刚达到的文明程度来衡量。"① 这段话高度肯定了中国人民反抗的正当性，驳斥了英国报刊对中国人民反抗手段的指责。

强调客观的历史趋势，并不意味着不能做出道德评价。对于西方列强的入侵，我们可以也应该做出道义谴责，在顺应历史趋势外应该给道德评价留下一个空间。

马克思、恩格斯对中国反抗的道义声援，肯定中国反抗的正义性，表明各个国家理应在面对不正当侵略时勇于抗争，而不是消极承受长期被殖民剥削的宿命，这可以激励一代代人的持续抗争，为一个国家和民族彻底赶走侵略者、实现民族独立，从而完成本国的社会革命、实现自主的发展提供不竭的精神力量。

抗争即使会失败，但它本身并不是没有历史作用，它也可以加速中国完成从传统到现代的转变，更快地迎来新生。从更长远和更宏观的视野看，这

① 《马克思恩格斯论中国》，人民出版社2015年版，第64—65页。

种声援也是在鼓励世界范围内为反抗资本主义霸权的联合，让人类整体实现自由解放。这是从伦理维度看待人类社会历史进程的必然结论。

4

在人类社会没有进展到足够发达的状态时，洞察人类社会的历史进程，将始终不可避免要面临客观规律与伦理道德的冲突，马克思曾指出："只有在伟大的社会革命支配了资产阶级时代的成果，支配了世界市场和现代生产力，并且使这一切都服从于最先进的民族的共同监督的时候，人类的进步才会不再像可怕的异教神怪那样，只有用被杀害者的头颅做酒杯才能喝下甜美的酒浆。"① 换句话说，只有到了社会革命胜利、实际上也就是到了共产主义社会的时候，人类的进步才不需要付出如此大的道德代价。

在看待无法从根本上解决冲突的人类社会历史进程的时候，马克思、恩格斯坚持了客观性判断和

---

① 《马克思恩格斯文集》第2卷，人民出版社2009年版，第691页。

伦理性评价的统一，坚持了客观的历史进程与美好的主观愿望的统一，没有偏颇于某一方。

若只坚持历史性，只讲客观历史进程，就会认为西方资本主义入侵造成的恶不可避免，因此就会无视他们对中国造成的灾难，就不能高度评价人民抗争。这样的后果是，以历史必然性的名义，罔顾伦理道德的价值，忽略伦理在人类社会进程中的作用，从而纵容道德败坏，变相鼓励非正义的侵略、霸凌和战争，否定历史中人们反抗压迫、勇于抗争的价值，否定抗争推动社会进步从而提升人类道德水平的可能，结果并不会带来真正的历史进步，只会与人类行动的目的相违背。

而若只强调伦理性维度，则会导致历史的唯心主义，因为在人类没有发展到完美状态前，总会存在一定的道德问题，甚至会以牺牲一部分人、一个阶级的利益为代价，若是仅以伦理尺度来评价，则人类永远都没有进步。不遵循客观历史进程、看不到人类社会发展规律就进行伦理评判、只讲道德理想，很可能无法促进社会进步，反而还会带来社会灾难。仅从道德角度就否定资本逻辑推动的人类现代化的进展和人类文明的整体进步，就是在为传统的、落后的野蛮社会辩护，在美化传统社会的道德。

因此，只有坚持历史性和伦理性的统一，才能正确看待一个时代的进步与不足，找对继续改善的方向。而当两种尺度出现冲突时，该怎么办呢？很明显，对于英国殖民入侵中国和印度的问题，就存在着历史尺度和价值尺度的冲突，从历史尺度看，有一定进步性；但从价值尺度看，一定是罪恶的、是道德败坏的。

从马克思对印度问题的态度上可以看出，他是以历史进步为第一位、伦理尺度为第二位的。在他看来，无论一个古老世界崩溃的情境对我们个人的感情来说是怎样难过，但从历史观点来看，都应该接受为历史进步而付出的代价。他特别提醒人们不要留恋被殖民统治摧毁的田园牧歌："从人的感情上来说，亲眼看到这无数辛勤经营的宗法制的祥和无害的社会组织一个个土崩瓦解，被投入苦海，亲眼看到它们的每个成员既丧失自己的古老形式的文明又丧失祖传的谋生手段，是会感到难过的；但是我们不应该忘记，这些田园风味的农村公社不管看起来怎样祥和无害，却始终是东方专制制度的牢固基础，它们使人的头脑局限在极小的范围内，成为迷信的驯服工具，成为传统规则的奴隶，表现不出任何伟大的作为和历史首创精神。"①

在马克思看来，小农生活看似宁静祥和，但是本质上是落后的、保守的、被动的、安于现状的，仅仅满足于一块土地的获得，被自然所主宰，体现不出太多人自觉改造世界的潜能，因此是应该被摧毁的。有时候人们会有一种错觉，感觉传统封建社会的道德更加高尚，现代社会更加自私、面目可憎，因而产生怀旧情结。而马克思在这里正是要表明，这种道德维持的正是封建的落后的等级秩序，它本身是与自给自足的小农经济相适应的。正是这样，马克思将这种传统与现代的对垒称为"悲歌"，即使传统农业社会再具有田园诗般的气质，也依然不能抵挡历史规律，依然要走向灭亡。

马克思、恩格斯这种强调历史尺度相对优先

---

① 《马克思恩格斯文集》第 2 卷，人民出版社 2009 年版，第 682 －683 页。

小农生活

的原则是基于他们的历史唯物主义原理的，即强调生产力和生产关系进步在整个社会发展中的基础性地位与决定性作用。没有生产力、生产关系的进步，任何道德的进步都是无从谈起的、抽象的、虚空的，若为了道德而道德，最后只会沦为口号。

同时，一个时期的道德观念是受一个历史阶段的现实条件决定的。何为善的、何为恶的，在不同历史时期中的定义和理解是不同的，在根本上，价值评价是受历史尺度限定的。但这不代表马克思就无视了价值评价的重要性。恰恰相反，正是站在高于资产阶级的、着眼于全人类发展的立场上，马克思才能看到资本的罪恶，看到资本逻辑导致的人的降格、道德滑坡，看到了文明社会不文明的一面。实际上，道德谴责也是顺应历史趋势的，历史性和伦理性是统一的，因为两者的进步，在根本上都是为了人自身的进步和解放。

这也启示我们，人的行动是有目的的，这个目的总是基于一个美好的设想，但现实的不完美，使得我们在追求美好理想的过程中会受挫，会带来伤害。我们不能用理想去苛求现实，但也不能因为这种伤害，就不再去行动，就不去追求理想。坚持历史唯物主义，就要把理想与现实统一起来，理想要以现实为依托，否则就沦为空谈；现实要以理想为指引，否则就不会改善。

六、苦难与重生：
看见"整个亚洲新纪元的曙光"

　　过不了多少年，我们就会亲眼看到世界上最古老的帝国的垂死挣扎，看到整个亚洲新纪元的曙光。

　　　　　　——恩格斯《波斯和中国》（1857 年）

1

　　近代中国遭遇西方资本逻辑的冲击后，究竟会有什么样的结局？看到当时的中国，估计没有人会看好中国。马克思、恩格斯显然不同，虽然他们认为传统中国即将被摧毁，但却多次表达了对中国未来的乐观期待。

　　在 1857 年的《波斯和中国》一文中，恩格斯指出，"有一点是肯定无疑的，那就是旧中国的死亡时刻正在迅速临近"①，但从长远角度，"过不了多少年，我们就会亲眼看到世界上最古老的帝国的垂死挣扎，看到整个亚洲新纪元的曙光"②。

马克思、恩格斯还为未来的中国起了一个名字，叫"中华共和国（République chinoise）"。1850年，他们在一篇时评中谈到中国问题时写道："当然，中国社会主义之于欧洲社会主义，也许就像中国哲学与黑格尔哲学一样。但是有一个事实毕竟是令人欣慰的，即世界上最古老最巩固的帝国八年来被英国资产者的印花布带到了一场必将对文明产生极其重要结果的社会变革的前夕。当我们的欧洲反动分子不久的将来在亚洲逃难，到达万里长城，到达最反动最保守的堡垒的大门的时候，他们说不定会看见上面写着：中华共和国，自由，平等，博爱。"③

这段话中既有"中国社会主义"，又有"中华共和国"，那么他们这里指的中华共和国究竟是一

---

① 《马克思恩格斯论中国》，人民出版社 2015 年版，第 66 页。

② 《马克思恩格斯论中国》，人民出版社 2015 年版，第 66 页。

③ 《马克思恩格斯论中国》，人民出版社 2015 年版，第 134 页。

个社会主义的中国还是一个资本主义的中国？这段简短的文字为我们留下了广阔的解读空间，学界的理解也有所差别。要真正理解马克思的想法，需要结合他们当时所面临的世界形势，根据上下文语境，全面解读文中提到的几组概念之间的关系，尝试辨析出中国哲学与黑格尔哲学、中国社会主义和欧洲社会主义概念之间的区别。

马克思、恩格斯在文中对中国境况的描述，来自德国传教士郭士立（Charles Gützlaff，又名郭实腊）的见闻。郭士立是普鲁士人，1831 年起，他开始在中国沿海地带活动，传播基督教，了解中国的风土人情。1832 年，他受雇于英国东印度公司，作为翻译官和外科医生搭乘"阿美士德号"商船，协助探查中国沿海开放通商口岸的情况。在一路的航行中，郭士立将自己的见闻都记录在日记中，这些日记后来被一家由美国传教士主编、在中国发行的英文报纸《中国丛报》以 *Gützlaff's Journal* 为标题系列连载，在全世界广泛流传，他本人也因此名声大噪。鸦片战争爆发后，郭士立还直接参与了中英谈判和《南京条约》的起草与签订。1849 年到 1850

年，郭士立去了欧洲，鼓动德国人到中国传教①。

马克思、恩格斯在这篇时评中谈到郭士立从中国带来的新鲜奇闻。当时中国已经面临着一场大规模革命的威胁，在起义的平民当中有人指出一部分人贫穷和另一部分人富有的现象，要求重新分配财产，甚至要求完全消灭私有制。当郭士立离开欧洲20年后从中国又回到欧洲的时候，听到人们探讨社会主义，听到别人向他解释后他惊叫起来："这么说来，我岂不是到哪儿也躲不开这个害人的学说了吗？这正是中国许多暴民近来所宣传的那一套啊！"②

结合这个时间点来看，郭士立口中的"暴民"很有可能是指洪秀全和冯云山创办的、当时在广东和广西已经小有规模的"拜上帝会"，以及以起义方式反抗官府和英国侵略者的中国农民，而"暴民"宣传的类似"社会主义"的观念很可能是"拜上帝会"所主张的"天下总一家，凡间皆兄弟"

---

① 参见刘禾著，杨立华等译：《帝国的话语政治：从近代中西冲突看现代世界秩序的形成》，生活·读书·新知三联书店2009年版，第53–58页。

② 《马克思恩格斯论中国》，人民出版社2015年版，第134页。

"天下一家，共享太平"等思想。

马克思、恩格斯评价说，中国社会主义之于欧洲社会主义，就像中国哲学之于黑格尔哲学，而中国哲学本质上不同于黑格尔哲学这种发源于欧洲大陆的哲学，他们显然是在强调两种社会主义有所不同，以及中国社会主义有独特性。那这种差别究竟是什么，该如何理解呢？

马克思、恩格斯当时已经发表的著作，几乎没有明确谈论过中国哲学，他们提到的中国哲学很有可能来自黑格尔。黑格尔在其《哲学史讲演录》中有一节专门讨论了中国哲学，对中国哲学的评价很低，他认为，孔子只是一个实际的世间智者，在他那里思辨的哲学是一点也没有的，《论语》"所讲的是一种常识道德，这种常识道德我们在哪里都找得到，在哪一个民族里都找得到，可能还要好些，这是毫无出色之点的东西"①，他还做出了"东方及东方的哲学之不属于哲学史"② 的论断。在黑格尔看

---

① ［德］黑格尔著，贺麟、王太庆译：《哲学史讲演录》第1卷，商务印书馆1959年版，第119页。

② ［德］黑格尔著，贺麟、王太庆译：《哲学史讲演录》第1卷，商务印书馆1959年版，第95页。

来，中国哲学并不能称作真正的哲学。

同理，在欧洲社会主义者看来，中国当时出现的这种社会主义行动也并不是真正的社会主义，只有他们自己的才是。

但为什么马克思、恩格斯将欧洲社会主义对应的是黑格尔哲学，而不是他们的改变世界的新哲学呢？原因是，此时他们说的社会主义不是他们所主张的共产主义，也不是马克思后来所说的作为共产主义的第一阶段，而是他们在写作《共产党宣言》时期要与之相区别的各种社会主义流派。对此，恩格斯在《共产党宣言》1888年英文版序言中专门解释过为何《共产党宣言》不叫社会主义宣言，因为1847年左右的社会主义者，一方面是空想社会主义的信徒，一方面是形形色色的社会庸医。所以，在当时的马克思、恩格斯看来："社会主义是资产阶级的运动，而共产主义则是工人阶级的运动。"[①]

马克思、恩格斯写这篇文章时还是1850年，距离《共产党宣言》发表才两年，当时的欧洲社会

---

① 《马克思恩格斯文集》第2卷，人民出版社2009年版，第14页。

主义虽然没有共产主义那般彻底，但也提出过废除私有制的主张，只是在解决方案上陷入保守抑或空想。

黑格尔哲学在马克思看来，虽然内容中蕴含着革命性，但在结论上最终趋于保守。因此，马克思、恩格斯是在用这种类比暗讽欧洲社会主义，不敢如中国那般大胆革命而只选择保守改良，却标榜自己是真正的、革命的社会主义运动。

同时要注意的是，马克思、恩格斯此处所说的"欧洲的反动分子"是指向资产阶级而非封建贵族阶级。根据他们当时对欧洲社会形势的判断，认为欧洲已经临近共产主义革命的前夕，资产阶级扮演着维护自身统治的反动保守角色。所以，马克思、恩格斯认为中国社会主义更多可能是包含了真正意义上的社会主义社会萌芽的内涵，他们充分肯定了太平天国运动的革命性。

2

无论如何，看到当时中国的状况，马克思、恩格斯不应该看好中国，那么，他们为何如此看好中

国？为何会得出乐观期待的结论？从哪些角度做出
了这种推测？

根本上而言，应该是基于他们对资本主义发展
规律的认识，基于资本主义必然灭亡的判断。马克
思、恩格斯在《共产党宣言》中已经指出，资本主
义本身会通过资本的不断增殖创造大量的生产力，
也会生产出越来越多贫困的无产阶级，生产出自己
的掘墓人，生产出更多的反对资本的力量。生产的
相对过剩会导致一次比一次严重的经济危机，最终
社会生产力将达到资本主义所能承载的极限，阶级
矛盾也达到最尖锐的程度，随之而来的就是无产阶
级革命和共产主义社会的建立。

在当时，他们认为这个资本主义崩溃的时刻已
经来临，社会再也不能在资产阶级的统治下生存下
去了，资产阶级的生存不再同社会相容，无产阶级
即将取得胜利。要使资本主义走向灭亡、实现共产
主义，需要诸多的条件，除了生产力的巨大增长和
高度发展、无产阶级力量的壮大之外，还需要世界
历史的出现、世界市场的发展，需要资本全球化的
完成，因为共产主义事业只有作为"世界历史性"
的存在才能实现。

资本逻辑全球扩张不仅带来交往的普遍化，促使
世界范围内生产力的巨大发展，还将资本逻辑所
包含的内在矛盾也带到世界各地。

全球扩张

资本逻辑全球扩张，不仅带来交往的普遍化，促进世界范围内生产力的巨大发展，还将资本逻辑所包含的内在矛盾也带到世界各地。资产阶级为了解决本国生产过剩的危机，就不断把中国、印度这样的国家纳入他们的体系中，但又不断地生出更大的危机，直到资本最后在全世界范围内都无法再为社会化大生产的产品找到新的市场，资产阶级和无产阶级的矛盾激化到最大程度，资本主义的生产方式成为它自身的桎梏，就到了资本主义彻底灭亡的时候。

正因此，恩格斯认为中日甲午战争将可能成为资本主义加速崩溃的动力和契机，他预测，甲午战争可能会使中国开始发展大工业、开埠通商，大量过剩的廉价劳动力将涌向欧洲，加重欧洲劳资矛盾，"而中国人的竞争一旦规模大起来，就会给你们那里和我们这里（注：指美国和英国）迅速地造成极端尖锐的形势，这样一来，资本主义征服中国的同时也将促进欧洲和美洲资本主义的崩溃"①。

其次，旧中国必然灭亡但又尚未完全沦为殖民

---

① 《马克思恩格斯论中国》，人民出版社 2015 年版，第 172 页。

地的特殊境况。马克思、恩格斯认为，处在传统农业社会形态的中国，最终一定会因无法抵抗资本逻辑的冲击而走向灭亡。中国不可能再回到曾经闭关自守的状态，而只能向一个更高的社会形态转变。但同样是被侵略，"中华帝国"内部并不是像印度那样政治结构四分五裂，各邦相互敌对，很容易就被英国完全占领了；中国的封建土地所有制和小农经济模式也没有像印度的村社和棉纺织业那般很快就被英国破坏了。中国本身在政治、经济和文化上的强大内聚力使其尚未彻底被英国统治，还半游离于资本主义国家的统治之外，从而有走出不同道路的可能。

再次，觉醒力量出现及其英勇顽强的抗争精神。中国当时的事态与1848年欧洲革命爆发前的情景有相似之处。在清王朝的封建政权已因过剩人口、资本入侵、政权统治不善而濒临崩溃之时，大批贫民的反抗已经形成了体现社会主义主张的运动，比如出现"均贫富""消灭私有制"等口号，革命军已初具规模。国内矛盾到了异常尖锐的地步，全民族战争似要来临，革命充满了胜利的希望。

中国人民在反侵略斗争中表现出英勇顽强的精神面貌和团结力量，这将助推中国走向新社会。对此，恩格斯专门对比了中国和波斯面对英国侵略时明显不同的反应。1856—1857 年，英国先是攻打了波斯，之后又让这批军队去侵略中国，参加第二次鸦片战争，波斯和中国面临的是同一个对手。波斯正规军之前已接受过欧洲军官的训练，按照欧洲的先进方式组编了军队，配有大炮等新式武器，但在与英印军队作战时，仅仅一个印度骑兵团的一次冲杀，就把整个波斯军队完全扫出了战场。而这个骑兵团本来已经是英印军官认为作战本领非常差的军队了，"可是 600 名这样的骑兵竟能打跑 1 万名波斯军队！波斯正规军如此心寒胆裂，以致从那以后，除炮兵外，他们在任何地方都没有进行过一次抵抗"①。波斯军队虽然人数远远多于英军，但战斗力差，士气不足，常常让英军不战而胜。面临俄军时，波斯正规军也是一击即溃，听到枪炮声就逃跑。

相比之下，虽然在第一次鸦片战争时，中国民

① 《马克思恩格斯论中国》，人民出版社 2015 年版，第 61 页。

众尚未觉醒，以宿命论的心态接受了失败的结果，但到了第二次鸦片战争，中国民众有了强烈的反抗精神，无论是国民、华侨还是移民外国的苦力，都积极而狂热地参与到反侵略斗争中，尽管他们没有接受过任何来自欧洲的训练，作战方法很不正规，武器也非常落后，但还是以一切能想到的手段奋不顾身地去斗争，发起了对英国人的反抗战。这种英勇反抗让马克思、恩格斯看到了中国人民战争的威力，看到了中国人民可能解放自己的潜力。所以相比波斯，恩格斯更加看好中国的未来，他认为，伴随着英国面对的复杂国际局势的变化，中国这次的反抗让中英战争的结果变得无法轻易预估，为中国开启新纪元留下了希望。

我们可以有理由地相信，正是这些迹象让马克思、恩格斯做出乐观的预测。但这些仅仅是他们的预测，而不是为中国的未来下的定论。总体来看，他们对中国前景的判断，是崩溃与希望并存的，他们并没有因为旧中国的落后，就认为中国没有涅槃重生的可能；也没有因为中国出现了一些新兴的、积极的要素，就明确断定中国一定会迅速成为一个社会主义国家。尊重历史发展的客观规律，又注意具体情况的变化，注重矛盾双方的不断转化，这正是马克思、恩格斯在分析此问题上体现出的唯物史观。

3

马克思、恩格斯后来逐渐认识到，中国的太平天国运动仍旧是一场旧式农民运动，西方资本主义当时也未到要崩溃的最后时刻，他们对革命形势存在一定的误判，但这不影响他们推论所依据的原理的正确性、科学性。

理解马克思、恩格斯对近代中国命运的看法，重点是要掌握他们分析时所用的历史唯物主义方法，所提出的世界历史理论，以及评价社会问题时体现出的辩证法。这对我们分析当今中国问题有重要启示。

第一，坚持以唯物史观为指导，立足世界历史大势，把握中国的历史方位和前景。马克思、恩格斯之所以对中国的前景乐观期盼，关键在于对资本主义历史命运、对人类整体发展趋势有科学的把握。中国的历史实践表明，中国选择并成功开拓出社会主义道路，是符合马克思、恩格斯所揭示的世界历史发展大势的。当资本主义现代化发展到一定阶段，就会促使马克思所说的更高级的新形态的各种要素产生，而这些要素的现实表现就包括了社会主义中国的出现。

马克思、恩格斯在他们那个时代关注的主要是西方现代化，在其原初语境中，社会主义与现代化并不交叉，社会主义是超越现代化后的阶段，是现代化发展的结果。中国主动开启社会主义的现代化，是对马克思主义现代化理论的重大创新，也是科学运用唯物史观的体现。同时，当今世界依然是资本逻辑在发挥解放和发展生产力的重要作用的世界，资本主义和社会主义两种制度和意识形态还将长期共存、相互竞争。我们依然需要积极推动社会主义市场经济，利用和驾驭资本逻辑，坚持改革和对外开放，积极融入和推动全球化。

第二，立足中国实际研究中国问题。马克思、恩格斯对中国前景的展望，既是从世界整体的资本主义发展形势出发，也是基于中国的独特国情。他们虽然讲了很多中国与印度相同的遭遇，但也多次强调了中国的特殊性，这正是他们对中国前景的预测与印度和波斯有所差别、认为中国能够带来"亚洲新纪元的曙光"的根本原因。

马克思、恩格斯并不是最先关注中国的西方哲学家，黑格尔在他那个时代对中国做出的评价则是，中国是东方世界的国家，而"世界历史从'东方'到'西方'，因为欧洲绝对地是历史的终点，亚洲是起点"①，世界历史这个移动过程犹如太阳升起到落下，但并不会再次从东方升起，这就相当于将东方世界的中国排除在世界历史之外。

相比之下，马克思的世界历史理论揭示了不以人的意志为转移的历史规律，但又给各种特殊性留足了空间。立足于中国的国情，就要如马克思、恩格斯一样，看到中国在与其他国家面临同样的、普遍性的问题时做出的特殊反应，分析出现这种特殊性的原因；就要在把握历史大势的前提下，明确中国自己的历史方位、历史任务和未来目标，找到适合自身的发展道路，而不是对别的国家亦步亦趋。

要有对中国作为一个后发外生型现代化国家的

---

① ［德］黑格尔著，王造时译：《历史哲学》，上海书店出版社2006年版，第95页。

优势和劣势的充分估计，不能因优势而自满，也不因劣势而妄自菲薄，正如马克思面对着几近衰亡的旧中国时，并未完全否定它走向一个光明未来的可能性，中国也应始终保持对自身发展前景的自信。当然，在坚持中国的特殊性的同时，不能轻视或者否定了普遍性，要看到各国发展所遵循的普遍规律，借鉴其他国家有益的成果和经验，规避发展中失败的教训，同时为世界整体的发展进步贡献中国的智慧和力量。既要看到中国是在世界中，是世界的普遍性中的特殊性；又要看到中国的也可以变成世界的，中国的特殊性也可以转变为世界的普遍性。

第三，充分依靠和发挥一个国家和民族自身的主体力量。西方资本逻辑冲击下的旧中国已经开始解体，但它并不会自然地走向一个新的社会，还需要国民觉醒的力量，以先进的理论理念，主动去创造新社会。

面对冲击和侵略，当时的中国不是完全无所作为或者不能作为，而是采取一些反制措施和反抗斗争，从而成为影响世界局势的一个因素。同时，西方国家对中国的冲击固然可以形成刺激，但中国自身的命运依然要靠中国人民自己的努力。也正是在此意义上，马克思在早期才高度肯定太平天国运动，赞扬中国人民反抗侵略的精神。之后 100 多年的历史已经证明，随着越来越多的中国人开始觉醒，探索救亡图存之路，中国逐渐实现了从被动到主动的扭转，走出了社会主义现代化道路，为人类提供了可以选择的新的现代化路径。

结语　一场跨越时空的"爱恋"

马克思、恩格斯写关于中国问题的文章的时候，应该没有想到他们创立的学说，会在他们去世之后传入中国，被中国知识分子认定为救国救民的真理，并成为中国共产党和中国这个国家的指导思想，最终改变了中国社会的进程，进而改变了人类社会历史的进程。

回顾近代以来中国的历程，马克思主义传入中国，可以形象地称之为"一场跨越时空的爱恋"。

我们都知道，马克思、恩格斯在19世纪中叶的欧洲完成的《共产党宣言》，标志着马克思主义的诞生。19世纪末，马克思主义开始传入中国，20世纪初随着十月革命一声炮响在中国得到广泛传播。19世纪在欧洲诞生的学说，来到了20世纪的中国，21世纪的中国，时间和空间都已经发生了变化。马克思主义与中国之间，确实是一场跨越时空的"爱恋"。

这场"爱恋"可以说始于"关注",即马克思、恩格斯对中国问题的关注。他们的视线顺着自己的对手——资本逻辑的扩张落到中国身上,在研究和批判资本逻辑的同时,他们关注到中国的现状,思考其未来的走向。

接下来是"选择",中国选择了马克思主义,认定马克思主义是救国救民的真理。在自由主义、无政府主义、改良主义等多种学说中,中国选择了马克思主义,认定马克思主义能科学解释中国当时的境遇,可以指导中国人民战胜帝国主义、封建主义、官僚资本主义的压迫,帮助中国摆脱半殖民地半封建社会的状态。

选择之后则是"依赖",过度依赖只看到它的好,难免会看不到问题,出现了对马克思主义的教条化。认为已有的马克思主义原理对所有国家的所有情境都完全适用,无须考虑时空的变化,只要运用了这套理论,就能立刻解决中国的所有问题。

再接下来有了"隔阂",既然跨越时空,不可能不产生隔阂,对马克思主义的信奉并没有如想象的那样发挥作用,教条化的马克思主义给中国革命带来了重大挫折，也让马克思主义本身受到了伤害。

之后我们终于明白了彼此理解、互相适应的重要性，找到了"结合"的路径。我们提出了马克思主义中国化时代化的命题，得出了马克思主义基本原理与中国具体实际、与中华优秀传统文化相结合的结论，中国共产党人找到了科学看待马克思主义和正确运用马克思主义的方法论。

马克思主义是洞察时代、引领时代的学说，在马克思、恩格斯论中国问题上，他们已经做出了表率，洞察了近代中国的开端。之后，中国共产党人在解决中国面临的现实问题过程中，带领中国人民夺取了革命、建设、改革一个又一个伟大胜利，彰显了马克思主义的真理性，进一步发挥了它洞察时代、引领时代的作用，丰富了它的内容，展示了它强大的生命力。

在这场跨越时空的"爱恋"中，中国没有辜负马克思、恩格斯的期望，马克思、恩格斯也因为中国而成就了自己的传奇。

马克思主义中国化

附录　马克思恩格斯关于中国问题的四篇文章

时评。1850年1—2月

马克思　恩格斯

最后，再谈一件由著名的德国传教士郭士立从中国带回来的有代表性的新鲜奇闻。这个国家的缓慢地但不断地增加的过剩人口，早已使它的社会状况变得为这个民族的大多数人难以忍受。后来英国人来了，夺得了在五个口岸自由通商的权利。成千上万的英美船只开往中国；这个国家很快就为英国和美国用机器生产的廉价工业品所充斥。以手工劳动为基础的中国工业经不住机器的竞争。牢固的中华帝国遭受了社会危机。不再有税金收入，国家濒于破产，大批居民落得一贫如洗，这些居民起而闹事，迁怒于皇帝的官吏和佛教僧侣，打击并杀戮他们。这个国家现在已经接近灭亡，已经面临着一场大规模革命的威胁，但是更糟糕的是，在造反的平民当中有人指出了一部分人贫穷和另一部分人富有的现象，要求重新分配财产，甚至要求完全消灭私有制，而且至今还在要求。当郭士立先生离开20年之后又回到文明人和欧洲人中间来的

117

时候，他听到人们在谈论社会主义，于是就问：这是什么意思？别人向他解释以后，他便惊叫起来：

"这么说来，我岂不是到哪儿也躲不开这个害人的学说了吗？这正是中国许多暴民近来所宣传的那一套啊！"

当然，中国社会主义之于欧洲社会主义，也许就像中国哲学与黑格尔哲学一样。但是有一个事实毕竟是令人欣慰的，即世界上最古老最巩固的帝国八年来被英国资产者的印花布带到了一场必将对文明产生极其重要结果的社会变革的前夕。当我们欧洲的反动分子不久的将来在亚洲逃难，到达万里长城，到达最反动最保守的堡垒的大门的时候，他们说不定就会看见上面写着：

République chinoise

Liberté，Egalité，Fraternité

［中华共和国

自由，平等，博爱］

（马克思和恩格斯写于1850年1月31日，原文是德文，载于1850年2月《新莱茵报。政治经济评论》第2期，摘自《马克思恩格斯全集》第10卷，人民出版社1998年版，第276－278页，注释略。）

中国革命和欧洲革命

马克思

有一位思想极其深刻但又怪诞的研究人类发展原理的思辨哲学家，常常把他所说的两极相联规律赞誉为自然界的基本奥秘之一。在他看来，"两极相联"这个朴素的谚语是一个伟大而不可移易地适用于生活一切方面的真理，是哲学家所离不开的定理，就像天文学家离不开开普勒的定律或牛顿的伟大发现一样。

"两极相联"是否就是这样一个普遍的原则姑且不论，中国革命对文明世界很可能发生的影响却是这个原则的一个明显例证。欧洲人民的下一次起义，他们下一阶段争取共和自由、争取廉洁政府的斗争，在更大的程度上恐怕要决定于天朝帝国（欧洲的直接对立面）目前所发生的事件，而不是决定于现存其他任何政治原因，甚至不是决定于俄国的威胁及其带来的可能发生全欧战争的后果。这看来像是一种非常奇怪、非常荒诞的说法，然而，这决不是什么怪论，凡是仔细考察了当前情况的人，都会相信这一点。

中国的连绵不断的起义已经延续了约十年之久，现在汇合成了一场惊心动魄的革命；不管引起这些起义的社会原因是什么，也不管这些原因是通过宗教的、王朝的还是民族的形式表现出来，推动了这次大爆发的毫无疑问是英国的大炮，英国用大炮强迫中国输入名叫鸦片的麻醉剂。满族王朝的声威一遇到英国的枪炮就扫地以尽，天朝帝国万世长存的迷信破了产，野蛮的、闭关自守的、与文明世界隔绝的状态被打破，开始同外界发生联系，这种联系从那时起就在加利福尼亚和澳大利亚黄金的吸引之下迅速地发展起来。同时，这个帝国的银币——它的血液——也开始流向英属东印度。

在 1830 年以前，中国人在对外贸易上经常是出超，白银不断地从印度、英国和美国向中国输出。可是从 1833 年，特别是 1840 年以来，由中国向印度输出的白银，几乎使天朝帝国的银源有枯竭的危险。因此皇帝下诏严禁鸦片贸易，结果引起了比他的诏书更有力的反抗。除了这些直接的经济后果之外，和私贩鸦片有关的行贿受贿完全腐蚀了中国南方各省的国家官吏。正如皇帝通常被尊为全中国的君父一样，皇帝的官吏也都被认为对他们各自的管区维持着这种父权关系。可是，那些靠纵容私贩鸦片发了大财的官吏的贪污行为，却逐渐破坏着这一家长制权威——这个庞大的国家机器的各部分间的唯一的精神联系。存在这种情况的地方，主要正是首先起义的南方各省。所以几乎不言而喻，随着鸦片日益成为中国人的统治者，皇帝及其周围墨守成规的大官们也就日益丧失自己的统治权。历史好像是首先要麻醉这个国家的人民，然后才能把他们从世代相传的愚昧状态中唤醒似的。

中国过去几乎不输入英国棉织品，英国毛织品的输入也微不足道，但从1833年对华贸易垄断权由东印度公司手中转到私人商业手中之后，这两种商品的输入便迅速地增加了。从1840年其他国家特别是我国也开始参加和中国的通商之后，这两项输入增加得更多了。这种外国工业品的输入，对本国工业也发生了类似过去对小亚细亚、波斯和印度所发生的那种影响。中国的纺织业者在外国的这种竞争之下受到很大的损害，结果社会生活也受到了相应程度的破坏。

中国在1840年战争失败以后被迫付给英国的赔款、大量的非生产性的鸦片消费、鸦片贸易所引起的令银外流、外国竞争对本国工业的破坏性影响、国家行政机关的腐化，这一切造成了两个后果：旧税更重更难负担，旧税之外又加新税。因此，1853年1月5日皇帝在北京下的一道上谕中，就责成武昌、汉阳南方各省督抚减缓捐税，特别是在任何情况下均不准额外加征；否则，这道上谕中说，"小民其何以堪?"又说：

"……庶几吾民于颠沛困苦之时，不致再受追呼迫切之累。"

这种措辞，这种让步，记得在 1848 年我们从奥地利这个日耳曼人的中国也同样听到过。

所有这些同时影响着中国的财政、社会风尚、工业和政治结构的破坏性因素，到 1840 年在英国大炮的轰击之下得到了充分的发展；英国的大炮破坏了皇帝的权威，迫使天朝帝国与地上的世界接触。与外界完全隔绝曾是保存旧中国的首要条件，而当这种隔绝状态通过英国而为暴力所打破的时候，接踵而来的必然是解体的过程，正如小心保存在密闭棺材里的木乃伊一接触新鲜空气便必然要解体一样。可是现在，当英国引起了中国革命的时候，便发生一个问题，即这场革命将来会对英国并且通过英国对欧洲发生什么影响？这个问题是不难解答的。

我们时常提请读者注意英国的工业自 1850 年以来空前发展的情况。在最惊人的繁荣当中，就已不难看出日益迫近的工业危机的明显征兆。尽管有加利福尼亚和澳大利亚的发现，尽管人口大量地、史无前例地外流，但是，如果不发生什么意外事情的话，到一定的时候，市场的扩大仍然会赶不上英国工业的增长，而这种不相适应的情况也将像过去一样，必不可免地要引起新的危机。这时，如果有一个大市场突然缩小，那么危机的来临必然加速，而目前中国的起义对英国正是会起这种影响。英国需要开辟新市场或扩大旧市场，这是英国降低茶叶税的主要原因之一，因为英国预期，随着茶叶进口量的增加，向中国输出的工业品也一定会增加。在1833年取消东印度公司的贸易垄断权以前，联合王国对中国的年输出总值只有60万英镑，而1836年达到了1326388英镑，1845年增加到2394827英镑，到1852年便达到了300万英镑左右。从中国输入的茶叶数量在1793年还不超过16067331磅，然而在1845年便达到了50714657磅，1846年是57584561磅，现在已超过6000万磅。

上一季茶叶的采购量从上海的出口统计表上可以看出，至少比前一年增加200万磅。新增加的这一部分应归因于两种情况：一方面，1851年底市场极不景气，剩下的大量存货被投入1852年的出口；另一方面，在中国，人们一听到英国修改茶叶进口的法律的消息，便把所有可供应的茶叶按提高很多的价格全部投入这个现成的市场。可是讲到下一季的茶叶采购，情况就完全不同了。这一点可以从伦敦一家大茶叶公司的下面一段通信中看出：

"上海的恐慌据报道达到了极点。黄金因人们抢购贮藏而价格上涨25%以上。白银现已不见，以致英国轮船向中国交纳关税所需用的白银都根本弄不到。因此，阿礼国先生同意向中国当局担保，一俟接到东印度公司的票据或其他有信誉的有价证券，便交纳这些关税。从商业的最近未来这一角度看，金银的缺乏是一个最不利的条件，因为它恰恰是发生在最需要金银的时候。茶和丝的收购商有了金银才能够到内地去采购，因为采购要预付大量金银，以使生产者能够进行生产……每年在这个时候都已开始签订新茶收购合同，可是现在人们不讲别的问题，只讲如何保护生命财产，一切交易都陷于停顿……如不备好资金在四五月间把茶叶购妥，那么，包括红茶绿茶的精品在内的早茶，必然要像到圣诞节还未收割的小麦一样损失掉。"

停泊在中国领海上的英、美、法各国的舰队，肯定不能提供收购茶叶所需的资金，而它们的干涉却能够很容易地造成混乱，使产茶的内地和出口茶叶的海港之间的一切交易中断。由此看来，收购目前这一季茶叶势必要提高价格——在伦敦投机活动已经开始了，而要收购下一季茶叶，肯定会缺少大量资金。问题还不止于此。中国人虽然也同革命震荡时期的一切人一样，愿意将他们手上全部的大批存货卖给外国人，可是，正像东方人在担心发生大变动时所做的那样，他们也会把他们的茶和丝贮存起来，非付给现金现银是不大肯卖的。因此，英国就不免要面临这样的问题：它的主要消费品之一涨价，金银外流，它的棉毛织品的一个重要市场大大缩小。甚至《经济学家》杂志，这个善于把一切使商业界人心不安的事物化忧为喜的乐观的魔术师，也不得不说出这样的话：

"我们千万不可沾沾自喜，以为给我们向中国出口的货物找到了同以前一样大的市场……更可能的是：我们对中国的出口贸易要倒霉，对曼彻斯特和格拉斯哥的产品的需求量要减少。"

不要忘记，茶叶这样一种必需品涨价和中国这样一个重要市场缩小的时候，将正好是西欧发生歉收因而肉类、谷物及其他一切农产品涨价的时候。这样，工厂主们的市场就要缩小，因为生活必需品每涨一次价，国内和国外对工业品的需求量都要相应地减少。现在大不列颠到处都在抱怨大部分庄稼种植情况不好。关于这个问题《经济学家》说：

"在英国南部，不但会有许多田地错过各种作物的农时而未播种，而且已经播种的田地有许多看来也会是满地杂草，或者是不利于谷物生长。在准备种植小麦的阴湿贫瘠的土地上，显然预示着灾荒。现在，种饲用甜菜的时节可以说已经过去了，而种上的很少；为种植芜菁备田的季节也快要过去，然而种植这一重要作物的必要的准备工作却一点也没有完成……雪和雨严重地阻碍了燕麦的播种。早播种下去的燕麦很少，而晚播种的燕麦是很难有好收成的……许多地区种畜损失相当大。"

谷物以外的农产品的价格比去年上涨 20%—30%，

甚至50%。欧洲大陆的谷物价格比英国涨得更高。在比利时和荷兰，黑麦价格足足涨了100%，小麦和其他谷物也跟着涨价。

在这样的情况下，既然英国的贸易已经经历了通常商业周期的大部分，所以可以有把握地说，中国革命将把火星抛到现今工业体系这个火药装得足而又足的地雷上，把酝酿已久的普遍危机引爆，这个普遍危机一扩展到国外，紧接而来的将是欧洲大陆的政治革命。这将是一个奇观：当西方列强用英、法、美等国的军舰把"秩序"送到上海、南京和运河口的时候，中国却把动乱送往西方世界。这些贩卖"秩序"，企图扶持摇摇欲坠的满族王朝的列强恐怕是忘记了：仇视外国人，把他们排除在帝国之外，这在过去仅仅是出于中国地理上、人种上的原因，只是在满族鞑靼人征服了全国以后才形成为一种政治原则。毫无疑问，17世纪末竞相与中国通商的欧洲各国彼此间的剧烈纷争，有力地助长了满族人实行排外的政策。可是，更主要的原因是，这个新的王朝害怕外国人会支持一大部分中国人在中国被鞑靼人征服以后大约最初半个世纪里所怀抱的不满情绪。出于此种考虑，它那时禁止外国人同中国人有任何来往，要来往只有通过离北京和产茶区很远的一个城市广州。外国人要做生意，只限同领有政府特许执照从事外贸的行商进行交易。这是为了阻止它的其余臣民同它所仇视的外国人发生任何联系。无论如何，在现在这个时候，西方各国政府进行干涉只能使革命更加暴烈，并拖长商业的停滞。

同时，从印度这方面来看还必须指出，印度的英国当局的收入，足足有七分之一要靠向中国人出售鸦片，而印度对英国工业品的需求在很大程度上又是取决于印度的鸦片生产。不错，中国人不大可能戒吸鸦片，就像德国人不可能戒吸烟草一样。可是大家都知道，新皇帝颇有意在中国本土种植罂粟和炼制鸦片，显然，这将使印度的鸦片生产、印度的收入以及印度斯坦的商业资源同时受到致命的打击。虽然利益攸关的各方或许不会马上感觉到这种打击，但它到一定的时候会实实在在地起作用，并且使我们前面预言过的普遍的金融危机尖锐化和长期化。

欧洲从 18 世纪初以来没有一次严重的革命事先没发生过商业危机和金融危机。1848 年的革命是这样，1789 年的革命也是这样。不错，我们每天都看到，不仅称霸世界的列强和它们的臣民之间、国家和社会之间、阶级和阶级之间发生冲突的迹象日趋严重，而且现时的列强相互之间的冲突正在一步步尖锐，乃至剑拔弩张，非由国君们来打最后的交道不可了。在欧洲各国首都，每天都传来全面大战在即的消息，第二天的消息又说和平可以维持一星期左右。但是我们可以相信，无论欧洲列强间的冲突怎样尖锐，无论外交方面的形势如何严峻，无论哪个国家的某个狂热集团企图采取什么行动，只要有一丝一毫的繁荣气息，国君们的狂怒和人民的愤恨同样都会缓和下来。战争也好，革命也好，如果不是来自工商业普遍危机，都不大可能造成全欧洲的纷争，而那种危机到来的信号，总是来自英国这个欧洲工业在世界市场上的代表。

现在，英国工厂空前扩充，而官方政党都已完全衰朽瓦解；法国的全部国家机器已经变成一个巨大的从事诈骗活动和证券交易的商行；奥地利则处于破产前夕；到处都积怨累累，行将引起人民的报复；反动的列强本身利益互相冲突；俄国再一次向全世界显示出它的侵略野心——在这样的时候，上述危机所必将造成的政治后果是毋庸赘述的。

（马克思写于 1853 年 5 月 31 日前后，原文是英文，作为社论载于 1853 年 6 月 14 日《纽约每日论坛报》第 3794 号，摘自《马克思恩格斯文集》第 2 卷，人民出版社 2009 年版，第 607–614 页，注释略。）

鸦片贸易史

马克思

一

　　联军全权代表强迫中国订立新条约的消息，看来引起了以为贸易将有大规模扩展的狂想，同第一次对华战争结束后 1845 年时商人们头脑中产生的狂想完全一样。即使彼得堡的电讯所传属实，是否能完全肯定，通商口岸一增多，对华贸易就必然会扩大呢？是否能够指望 1857—1858 年的战争会比 1841—1842 年的战争导致更好的结果呢？有一件事是肯定无疑的：1843 年的条约并没有使美国和英国对中国的出口增加，倒是起了加速和加深 1847 年商业危机的作用。现时的这个条约也是一样，它使人们梦想得到一个无穷尽的市场，使人们产生不切实际的希望，可能就在世界市场刚刚从不久以前的普遍恐慌中逐渐复原的时候，又促进新危机的形成。除了这个消极后果以外，第一次鸦片战争还刺激了鸦片贸易的增长而损害了合法贸易；只要整个文明世界的压力还没有迫使英国放弃在印度强制种植鸦片和以武力在中国推销鸦片的做法，那么这第二次鸦片战争就会产生同样的后果。我们不想详述这种贸易的道德方面，关于这种贸易，连英国人蒙哥马利·马丁都这样写道：

"不是吗，'奴隶贸易'比起'鸦片贸易'来，都要算是仁慈的。我们没有毁灭非洲人的肉体，因为我们的直接利益要求保持他们的生命；我们没有败坏他们的品格、腐蚀他们的思想，也没有毁灭他们的灵魂。可是鸦片贩子在腐蚀、败坏和毁灭了不幸的罪人的精神存在以后，还杀害他们的肉体；每时每刻都有新的牺牲者被献于永不知饱的摩洛赫之前，英国杀人者和中国自杀者竞相向摩洛赫的祭坛上供奉牺牲品。"

中国人不能既购买商品又购买毒品；在目前条件下，扩大对华贸易也就是扩大鸦片贸易；增加鸦片贸易是和发展合法贸易不相容的。这些论点早在两年以前已经得到相当普遍的承认。1847 年为调查英中贸易状况而委派的一个下院委员会曾提出报告说：

"我们感到遗憾的是：一段时间以来，同这个国家的贸易处于很不能令人满意的状态，扩大我们交往的结果竟一点也没有实现我们的合理期望，而这种期望本来是在能够更自由地进入这样一个了不起的大市场的基础上自然而然地产生出来的……我们发现，贸易受到阻碍并不是因为中国不需要英国商品或别国竞争加强……花钱买鸦片……消耗了白银从而大大妨碍了中国人的一般贸易；实际上就必须用茶叶和丝来偿付其他商品。"

1849 年 7 月 28 日的《中华之友》在概括同一种观点时，十分肯定地说：

"鸦片贸易在不断地增长。英国和美国对于茶叶和丝的需求增大，只会使鸦片贸易继续增长；制造商的情况是毫无希望的。"

一位在中国的美国大商人，在 1850 年 1 月份汉特的《商人杂志》上刊登的一篇文章里，把对华贸易的全部问题归结为如下一点：

"停止哪一种贸易——鸦片贸易还是美英产品的出口贸易？"

中国人自己对这个问题的看法也正是这样。蒙哥马利·马丁说：

"我曾问过上海道台，促进我们对华贸易的最好办法是什么。他当着女王陛下的领事巴富尔上尉的面立刻回答我说：'别再向我们运送那么多鸦片，我们就能够买你们的产品。'"

最近八年来全部贸易的历史给这个论点提供了新的、十分明显的说明；但是在分析鸦片贸易对合法贸易的有害影响以前，我们先来简单地回顾一下这种触目惊心的贸易的产生和发展。这种贸易，无论就可以说是构成其轴心的那些悲惨冲突而言，还是就其对东西方之间一切关系所发生的影响而言，在人类历史记录上都是绝无仅有的。

在 1767 年以前，由印度输出的鸦片数量不超过 200 箱，每箱重约 133 磅。中国法律许可鸦片作为药品输入，每箱鸦片抽税 3 美元左右；当时从土耳其贩运鸦片的葡萄牙人几乎是唯一给天朝帝国输入鸦片的商人。

1773 年，堪与埃芒蒂耶之流、帕尔默之流以及其他世界闻名的毒品贩子并驾齐驱的沃森上校和惠勒副董事长，建议东印度公司同中国进行鸦片贸易。于是在澳门西南的一个海湾里下碇的船只上，建立起了鸦片堆栈。但是这种投机买卖最后失败了。1781 年，孟加拉省政府派了一艘满载鸦片的武装商船驶往中国；1794 年，东印度公司就派了一艘运载鸦片的大船停在黄埔——广州港的停泊处。看来，黄埔做堆栈比澳门更便利，因为黄埔被选定做堆栈以后才过两年，中国政府就觉得有必要颁布法令，用杖责和枷号示众来震慑中国的鸦片走私者了。大约在 1798 年，东印度公司不再是鸦片的直接出口商，而成了鸦片的生产者。在印度，实行了鸦片垄断，同时东印度公司伪善地禁止自己的船只经营这种毒品的买卖，而该公司发给同中国做买卖的私人船只的执照中却附有条件，规定这些船只如载运非东印度公司生产的鸦片要受处罚。

1800 年，输入中国的鸦片已经达到 2000 箱。在 18 世纪，东印度公司与天朝帝国之间的斗争，具有外国商人与一国海关之间的一切争执都具有的共同点，而从 19 世纪初起，这个斗争就具有了非常突出的独有的特征。中国皇帝为了制止自己臣民的自杀行为，下令同时禁止外国人输入和本国人吸食这种毒品，而东印度公司却迅速地把在印度种植鸦片和向中国私卖鸦片变成自己财政系统的不可分割的部分。半野蛮人坚持道德原则，而文明人却以自私自利的原则与之对抗。一个人口几乎占人类三分之一的大帝国，不顾时势，安于现状，人为地隔绝于世并因此竭力以天朝尽善尽美的幻想自欺。这样一个帝国注定最后要在一场殊死的决斗中被打垮：在这场决斗中，陈腐世界的代表是激于道义，而最现代的社会的代表却是为了获得贱买贵卖的特权——这真是任何诗人想也不敢想的一种奇异的对联式悲歌。

二

正因为英国政府在印度实行了鸦片垄断，中国才采取了禁止鸦片贸易的措施。天朝的立法者对违禁的臣民所施行的严厉惩罚以及中国海关所颁布的严格禁令，结果都毫不起作用。中国人的道义抵制的直接后果就是，帝国当局、海关人员和所有的官吏都被英国人弄得道德堕落。侵蚀到天朝官僚体系之心脏、摧毁了宗法制度之堡垒的腐败作风，就是同鸦片烟箱一起从停泊在黄埔的英国趸船上被偷偷带进这个帝国的。

东印度公司一手扶植的、北京中央政府抵制无效的鸦片贸易规模日益增大，到 1816 年，鸦片年贸易额已将近 250 万美元。就在这一年印度的贸易开放了，只有茶叶贸易一项例外，仍由东印度公司继续垄断。印度贸易的开放又大大推动了英国鸦片走私商的活动。1820 年，偷运入中国的鸦片增加到 5147 箱，1821 年达 7000 箱，1824 年达 12639 箱。在这个时候，中国政府向外国商人提出严重警告，同时惩办了被认为是与外国商人同谋共犯的行商，大力查办了本国的鸦片吸食者，并且在自己的海关采取了更严厉的措施。最终的结果，一如 1794 年所做的同样努力，只是把鸦片堆栈由一个不牢靠的地点驱赶到一个更便于经营的基地。鸦片堆栈从澳门和黄埔转到了珠江口附近的伶仃岛；在那里，全副武装、人员众多的船只上建起了固定的鸦片堆栈。同样地，当中国政府暂时制止住了广州旧有窑口的营业时，鸦片贸易只是转了一道手，转到比较小的商人手里，他们不惜冒一切危险采用任何手段来进行这种贸易。在由此产生的更有利的条件下，鸦片贸易在 1824 年到 1834 年的 10 年当中，就由 12639 箱增加到 21785 箱。

1834 年，也像 1800 年、1816 年、1824 年一样，在鸦片贸易史上标志着一个时代。东印度公司不仅在那一年失去了经营中国茶叶的特权，而且必须完全停止一切商务。由于东印度公司从商务机构改组为纯粹的政府机构，对华贸易就向英国私人企业敞开了大门，这些企业干得非常起劲，尽管天朝政府拼命抵制，在1837年还是把价值2500万美元的39000箱鸦片顺利地偷运进了中国。这里有两件事实要注意：第一，从1816年起，在对华出口贸易的每一个发展阶段上，鸦片走私贸易总是占着大得极不相称的比例。第二，就在英印政府在鸦片贸易上明显的商业利益逐渐消失的同时，它在这种非法贸易上的财政利益却越来越重要了。1837年，中国政府终于到了非立即采取果断行动不可的地步。因输入鸦片而造成的白银不断外流，开始扰乱天朝帝国的国库收支和货币流通。中国最有名的政治家之一许乃济，曾提议使鸦片贸易合法化而从中取利；但是经过帝国全体高级官吏一年多的全面审议，中国政府决定："此种万恶贸易毒害人民，不得开禁。"早在1830年，如果征收25%的关税，就会带来385万美元的收入，到1837年，就会双倍于此。可是，天朝的野蛮人当时拒绝征收一项随着人民堕落的程度而必定会增大的税收。1853年，当今的咸丰帝虽然处境更加困难，并且明知为制止日益增多的鸦片输入而作的一切努力不会有任何结果，但仍然恪守自己先人的坚定政策。顺便要指出的是：这位皇帝把吸食鸦片当做邪教一样来取缔，从而使鸦片贸易得到了宗教宣传的一切好处。中国政府在 1837 年、1838 年和 1839 年采取的非常措施——这些措施的最高潮是钦差大臣林则徐到达广州和按照他的命令没收、销毁走私的鸦片——提供了第一次英中战争的借口，这次战争带来的后果就是：中国发生了起义；帝国国库完全空虚；俄国顺利地由北方进犯；鸦片贸易在南方达到巨大的规模。尽管英国在结束这场为保护鸦片贸易而发动和进行的战争时所签订的条约禁止鸦片贸易，可是从 1843 年以来，鸦片贸易实际上却完全不受法律制裁。1856 年输入中国的鸦片，总值约 3500 万美元，同年英印政府靠鸦片垄断获取了 2500 万美元的收入，正好是它财政总收入的六分之一。作为第二次鸦片战争借口的那些事件，是不久以前才发生的，无需赘述。

这个题目讲到最后，不能不特别指出摆出一副基督教伪善面孔、标榜文明的英国政府本身的一个明显的矛盾。作为帝国政府，它假装同违禁的鸦片贸易毫无关系，甚至还订立禁止这种贸易的条约。可是作为印度政府，它却强迫孟加拉省种植鸦片，使该省的生产力受到极大的损害；它强迫一部分印度莱特种植罂粟，用贷款的办法引诱另一部分印度莱特也去种植罂粟。它严密地垄断了这种毒品的全部生产，借助大批官方侦探来监视一切：种植罂粟，把罂粟交到指定地点，按照中国吸食者的口味提炼和调制鸦片，把鸦片打成便于偷运的货包，最后运往加尔各答，由政府拍卖，国家官吏把鸦片移交给投机商人，然后又转到走私商人手里，由他们运往中国。英国政府在每箱鸦片上所花的费用约 250 卢比，而在加尔各答拍卖场上的卖价是每箱 1210—1600 卢比。可是，这个政府并不满足于这种实际上的共谋行为，它直到现在还公然同那些干着毒害一个帝国的冒险营生的商人和船主们合伙经营，赔赚与共。

英国政府在印度的财政，实际上不仅要依靠对中国的鸦片贸易，而且还要依靠这种贸易的不合法性。如果中国政府使鸦片贸易合法化，同时允许在中国种植罂粟，英印政府的国库会遭到严重灾难。英国政府公开宣传毒品的自由贸易，暗中却保持自己对毒品生产的垄断。任何时候只要我们仔细地研究一下英国的自由贸易的性质，我们大都会发现：它的"自由"说到底就是垄断。

（马克思写于 1858 年 8 月 31 日—9 月 3 日，原文是英文，作为社论载于 1858 年 9 月 20、25 日《纽约每日论坛报》第 5433、5438 号，摘自《马克思恩格斯文集》第 2 卷，人民出版社 2009 年版，第 629—636 页，注释略。）

中国记事

马克思

在桌子开始跳舞之前的一些时候，中国，这块活的化石，就开始革命了。这种现象本身并不含有什么特殊的东西，因为在东方各国我们总是看到，社会基础停滞不动，而夺得政治上层建筑的人物和种族却不断更迭。中国是被外族王朝统治着。为什么过了三百年不能来一个推翻这个王朝的运动呢？运动一开始就带有宗教色彩，但这是一切东方运动所共有的。运动发生的直接原因显然是：欧洲人的干涉、鸦片战争、鸦片战争所引起的现存政权的动摇、白银的外流、外货输入对经济平衡的破坏，等等。我曾感到很奇怪，鸦片没有起催眠作用，反而起了惊醒作用。其实，在这次中国革命中奇异的只是它的体现者。除了改朝换代以外，他们不知道自己负有什么使命。他们没有任何口号。他们对民众说来比对老统治者们说来还要可怕。他们的使命，好像仅仅是用丑恶万状、毫无建设性的破坏来与停滞腐朽对立。为了说明这些"灾星"的特点，我们把夏福礼先生（驻宁波的英国领事）给驻北京的英国公使普鲁斯先生的一封信摘录如下。

夏福礼先生写道：宁波落入革命太平军之手已经

三个月了。这里同这些强盗们统治所及的任何地方一样，破坏是唯一的结果。难道他们还追求别的目的吗？在他们看来，使自己拥有无限的胡作非为的权力实际上同伤害别人生命一样重要。太平军的这种观点，同胡说什么太平军将"解放中国"，"复兴中国"，"拯救人民"和"推行基督教"的英国传教士们的幻想实在不相符合。他们吵吵嚷嚷煞有介事地闹了 10 年，结果是破坏了一切，而什么也没建设起来。

夏福礼先生继续写道：不错，太平军同外国人正式交往时，表现得比清朝官吏要好些，他们做事比较直爽，大刀阔斧，坚决果断，但他们的优点仅限于此。

太平军如何供养自己的军队呢？他们的兵士没有薪饷，而是靠战利品生活。如果夺得的城市富，兵士们就吃不完喝不尽；如果夺得的城市穷，他们就表现出堪称模范的忍耐态度。夏福礼先生问过一个穿着很好的太平军兵士，问他是否喜欢干这种行业。那个兵士回答说："我怎么会不喜欢呢？我看中什么就拿什么，谁要是抗拒，那就……"——他做了一个表示砍头的手势。而这就是他的惯用语。在太平军看来，一个人头并不比一个菜头贵。

革命军的核心是由正规军——服役多年久经战斗的老兵构成的。其余部分则是一些年轻的新兵或出击时抓来当兵的农民。首领们总是故意把在某个被征服的省份强征来的军队，派到一个别的遥远的省份去。例如在宁波，叛乱者们现在就操着 40 种不同的方言，而宁波方言此刻也第一次传到了遥远地区。在每个地区，所有的流氓、游民和坏蛋都自愿地归附太平军，军纪只要求在执行任务时服从命令。太平军不准结婚和吸鸦片，违者处以死刑。只有"到天下太平的时候"才可以结婚。作为补偿，太平军在攻下一个居民未及逃离的城市后的头三天里，可以任意凌辱妇女。三天以后，所有的女人都被强行赶出城市。

引起恐惧，是太平军的全部战术。他们的成功全靠这种妙法的效用。他们制造恐惧的方法是：一开始，在某一个地方一下子出动大批人马。他们先派探子秘密探路，散布扰乱人心的谣言，在各处放起几把火。这些探子如果被清朝官吏抓住处死，总是马上就有别人来代替，直到清朝官吏同城市的居民一起逃出城市，或者像占领宁波时那样，一片惶恐的局面使得叛乱者有可能轻易获胜为止。

制造恐惧的一大法宝就是太平军身上穿的五颜六色的丑角式衣着。此等装束只能使欧洲人觉得好笑，而对中国人来说却有神奇的作用。因此，这种丑角式衣着在作战的时候给叛乱者带来的优势比线膛炮还要大。况且，他们还有一头又长又黑或者染黑的乱发，目露凶光，发出凄厉的号叫，装出狂怒的样子——这就足以把古板的、温顺的、循规蹈矩的中国老百姓吓死。

在探子散布了惊恐情绪之后，接着便出现了被故意驱赶来的逃难村民，他们夸张地讲述着就要到来的军队怎样众多、怎样强大怎样可怕。当城里起火，守军头脑里想着这种可怕的场面而出动的时候，远远就看到一个个五颜六色的怪物，吓得他们不知所措，魂不附体。适当的时机一到，成千成万的太平军就手持大刀、长矛和鸟枪，向着吓得半死的敌军猛扑，只要不遇到抵抗就把什么都扫荡个干干净净，不久前在上海就是如此。

夏福礼先生说："太平军这东西是个空空的庞然大物。"

显然，太平军给人的印象就是中国人想象中的那个凶神恶煞下凡。而这种凶神恶煞只是在中国才可能有。它是停滞的社会生活的产物。

（马克思写于 1862 年 6 月 17 日—7 月初，原文是德文，载于 1862 年 7 月 7 日《新闻报》第 185 号，选自《马克思恩格斯论中国》，人民出版社 2015 年版，第 122 – 125 页，注释略。）

后　记

当这本小册子即将完稿的时候，我依然没有想好用什么样的标题才能把我们想表达的意思表达清楚，有段时间一直绞尽脑汁地苦思冥想，直到"近代中国开端的洞察"不经意间从我的头脑中冒出来。

这个题目再贴切不过了。马克思主义就是洞察时代、引领时代的学说，"洞察"符合马克思主义这套学说的特质，又能够很好地表明马克思、恩格斯对中国问题关注的深度。而马克思、恩格斯关注的中国，正是近现代史开始时刻的中国。

在写作的过程中，我一直在想的是，马克思、恩格斯为什么会关注中国？他们从对中国问题的关注中丰富发展了哪些理论？有没有一些观点是在别的作品中所没有而只在这里讲述的？他们为什么在中国饱受西方国家摧残的时刻还看好中国？他们所表达的中国革命、中国社会主义与西方革命、欧洲社会主义有何不同？

　　在不断翻阅马克思、恩格斯的这些文章中，我越来越深感于他们的真知灼见，越来越佩服于从未来过中国的他们竟然会对当时的中国有如此深刻的把握。马克思、恩格斯用他们已经创立的马克思主义来分析中国的问题，来与中国具体实际问题相结合，我甚至都惊讶地感叹这不就是马克思主义中国化的开端吗？这些文本中关于东方与西方、资本与（君主）权力、战争与贸易、文明与野蛮、历史与伦理、革命与起义的独到见解，让我深深地感受到思想具有的穿透时代的魅力。

　　写作的道路有很多条，坚持问题导向的写作总不会错。我们是坚持问题导向的，力求在回答自己的困惑的同时回答读者的疑问，力求在讲清楚基本观点为何的同时也讲清楚相关观点对于看待今天问题的价值。

　　这本小册子只是提供了一种解读思路，写作过程中难免会有错误，敬请阅读它的读者给我们提供宝贵意见。

　　　陈培永

　　2022 年 11 月于北京大学燕北园